»DAS«
Regentage
KREATIVBUCH

»DAS«
Regentage
KREATIVBUCH

▸▸ DAS ◂◂
Regentage
KREATIVBUCH

KALINKA MEESENBURG

EMF

EIN BUCH DER
EDITION MICHAEL FISCHER

Gute-Laune-
Projekte zum Basteln,
Malen, Spielen
und mehr

Inhalt

Schönes für Schietwetter   7

Grundlagen   8

Kleine Kinderküche

Karamellos   12

Lises Limonadeneis   16

Knabbermonster   20

Höhlenpicknick   24

Apfel-Liebe   30

Waffelherzen   34

Regenwetter Werkstatt

Wunderwolke   40

Lego-Teller   44

Konfettiregen   48

Tonis Tafel   52

Badebomben   56

Kuller-Kunst   60

Unterwasserwelt   64

Schachtelschatz   68

Sterne und Schneeflocken   72

Gummistiefel-Parade   78

Was regnet's?   82

Bruno Bär und Bande   86

Freche Früchtchen   90

Villa Vogel   94

Regenbiester pusten   98

Mimmi & Mäuschen   102

Schietwetter Spiele

Schiffchen schieben 110

Aufräumen, fertig, los! 114

Regenbogensuche 118

Schiefer Schietwetterturm 122

Prinzessin auf der Erbse 126

Fang den Fuchs 130

Kleine Schatzsuche 134

Raus in den Regen

Tropfen-Zähler 140

Pfützensegler 144

Regen-mal-mal-Bild 148

Matschbomben 152

Regenkreide 156

Regenwetterkönig 160

Schablonen 164

Über die Autorin und die Fotografin 173

Danksagung 174

Impressum 176

Schönes für REGENWETTER

Wer kennt das nicht? Ein verregnetes Wochenende, an dem keiner vor die Tür gehen mag, und die schlechte Laune und Langeweile treibt alle in den Wahnsinn ...

In diesem Buch findest du viele Ideen gegen Langeweile. Und natürlich lassen sich fast alle Projekte auch an Nicht-Regentagen umsetzen.

Die Projekte unterteilen sich in die Bereiche „Kleine Kinderküche", „Regenwetter-Werkstatt", „Schietwetter-Spiele" und „Raus in den Regen". Lauter spannende Arbeiten, die dir bestimmt gefallen werden!

Und nun frage ich dich: Hast du schon mal zusammen mit dem Regen ein Bild gemalt? Weißt du eigentlich, wie viel Regen heute vom Himmel gefallen ist? Hast du Lust, einen Pfützensegler zu bauen? Möchtest du mit deinen Freunden ein Höhlenpicknick machen? Oder lieber ein paar Badebomben herstellen?

Ich sage dir: Regentage sind die schönsten Tage! Da räumst du beim Spiel „Aufräumen, fertig, los!" sogar freiwillig dein Zimmer auf. Und was man noch so alles gegen Langeweile machen kann, das verrate ich dir jetzt.

Deine Kalinka

Grundlagen

SO ARBEITEST DU MIT DIESEM BUCH

Wenn du dich für ein Projekt entschieden hast, findest du im Materialkasten die Zutaten für das Rezept beziehungsweise das Material für die Bastelarbeit.

Wie schwer ein Projekt ist, erkennst du an den Regenschirmen:

leicht   mittelschwer   kniffelig

BEVOR DU LOSLEGST

• Bevor du mit dem Basteln loslegst, musst du immer deinen Arbeitsplatz vorbereiten! Du ziehst dir eine Malschürze oder ein altes T-Shirt an. Deinen Arbeitsplatz deckst du mit alten Zeitungen oder einer Bastelunterlage ab.

• Beim Arbeiten mit Farben brauchst du Wasser und Pinsel. Und denke auch daran, das Wasser zu wechseln, wenn es schmutzig ist.

• Wenn du mit deinem Projekt fertig bist, räumst du natürlich alles wieder auf. Ist doch klar!

DEINE EIGENEN IDEEN SIND DIE BESTEN!

Alle Bastelanleitungen, Rezepte und Spiele in diesem Buch sind Vorschläge und Anregungen. Du kannst sie verändern und andere Materialien oder Zutaten verwenden. Nur zu, deine Ideen sind die besten!

FARBEN

Bei vielen Projekten brauchst du Farben: Deckmalfarben (deinen Tuschkasten), Acrylfarben, Kreidefarben, Stoffmalfarben, Porzellanfarben ... Es reicht aber immer, wenn du die Grundfarben (Rot, Gelb, Blau) und Weiß hast, denn daraus kannst du ganz leicht verschiedene Farbtöne selbst anmischen. Hier eine kleine Farbenlehre:

Blau + Gelb = Grün

Gelb + Rot = Orange

Blau + Rot = Violett

Mit weißer Farbe oder Deckweiß werden die Farben nach Belieben aufgehellt. Auf diese Weise kannst du zum Beispiel ganz unterschiedliche Grün- oder Blautöne mischen.

DAS SCHAFFE ICH SCHON ALLEINE!

Bei einigen Projekten sagst du bestimmt: „Das schaffe ich schon alleine!" Bei anderen Projekten brauchst du vielleicht Hilfe. Lies dir immer zusammen mit einem Helfer die Anleitung durch und überlegt zusammen, was du alleine machen kannst und wobei du Hilfe brauchst. Und bei Arbeitsschritten mit einem scharfen Messer, einer Klebepistole oder am Herd und Ofen lässt du dir immer helfen. Sicher ist sicher!

KARLI, DIE SCHNIRKELSCHNECKE

Das ist Karli. Karli, die Schnirkelschnecke. Wusstest du, dass Schnecken den Regen gern haben? Da ist es ja kein Wunder, dass Karli durch das Regentage-Kreativbuch kriecht. Immer, wenn du diesen Stempel siehst, hat sich die kleine Schnirkelschnecke irgendwo auf der Seite versteckt.

WO IST KARLI?

Kleine
KINDERKÜCHE

So viele Wörter für Regen!
Es nieselt, es regnet in Strömen, es
pladdert, es gießt, es tröpfelt, es schüttet,
es gallert, es prasselt, es regnet Katzen und
Hunde, es schauert, der Himmel öffnet seine
Schleusen, es strömt, es regnet Bindfäden, es
trieft, es schüttet wie aus Kübeln
und es regnet mal wieder!

Karamellos

Mama mag sie mit Meersalz, Papa mag sie mit Nüssen, mein Bruder mag sie mit Schokolade und ich mag sie am liebsten mit Zuckerperlen. Wie schmecken dir deine Karamellos am besten?

ZUTATEN

80 g weiße Schokolade

150 g Zucker

100 g Butter

2 EL Honig

1 Vanilleschote

1 Messerspitze Kurkuma

1 Becher Sahne (200 g)

Küchenhelfer

Küchenreibe

kleine Auflaufform

Backpapier

Küchenwaage

großer Topf

Messer

Kochlöffel

zum Verzieren

bunte Streusel oder Zuckerperlen, gesalzene Nüsse, gehackte Schokolade oder kleine Schokolinsen

1. Zuerst reibst du die Schokolade und stellst sie dann erst mal wieder beiseite.

2. Anschließend legst du eine kleine Auflaufform mit Backpapier aus.

3. Jetzt darfst du Zucker, Butter und Honig abwiegen. Gib diese Zutaten in den Topf.

4. Schneide die Vanilleschote auf und kratze das Mark heraus. Gib das Vanillemark zusammen mit dem Kurkumapulver und der Sahne ebenfalls in den Topf.

5. Jetzt geht es an den Herd. Dabei lässt du dir am besten helfen! Erhitze alle Zutaten bei niedriger Temperatur. Aber Vorsicht, du musst ständig rühren, damit nichts anbrennt!

6. Nun lässt du alle Zutaten für etwa 12 Minuten köcheln. Anschließend nimmst du den Topf vom Herd und rührst die weiße gehackte Schokolade unter.

7. Und endlich kannst du die Karamellmasse in deine Auflaufform füllen und mit bunten Streuseln, salzigen Nüssen oder gehackter Schokolade bestreuen.

8. Jetzt lässt du das Karamell nur noch abkühlen. Später schneidest du es in kleine Würfel. Bewahre deine Karamellos im Kühlschrank auf. Sie halten sich dort für ein paar Wochen.

Tipp

Du kannst deine Karamellos auch in Butterbrotpapier einpacken. Binde das Papier dazu auf beiden Seiten mit einem Kordelband ab und klebe ein Stück Washi Tape um den verpackten Bonbon.

Lises Limonadeneis

Sauer macht lustig! Das weiß doch jedes Kind. Und bei grauen Wolken und schlechter Laune hilft Lises Limonadeneis ganz wunderbar. Versuch es doch mal!

ZUTATEN

für 4 Portionen

1 Bio-Zitrone

80 g Zucker

100 ml Milch

1 Becher Sahne (200 g)

Zitronen- oder Limettenscheiben und bunte Streusel zum Garnieren

Küchenhelfer

Küchenreibe (fein)

Schüssel

Schneebesen

Messer

Zitronenpresse

Handrührgerät mit Rührschüssel

Teigschaber

Schale mit Deckel für den Gefrierschrank, z. B. alter Eiscontainer

1. Wasche zuerst die Zitrone unter warmem Wasser und trockne sie anschließend gut ab.

2. Mit der Küchenreibe reibst du Zitronenschale ab und vermischst sie in der Schüssel mit dem Zucker.

3. Anschließend gibst du die Milch dazu und verrührst alle Zutaten mit dem Schneebesen, bis sich der Zucker aufgelöst hat.

4. Als Nächstes halbierst du deine Zitrone mit dem Messer und presst die beiden Hälften mit der Zitronenpresse aus. Den Saft gibst du dann ebenfalls in die Schüssel.

5. Fülle die Sahne in die Rührschüssel und schlage sie steif. Die Knethaken darfst du natürlich ablecken!

6. Die steif geschlagene Sahne gibst du nun ebenfalls in deine Schüssel und hebst sie mit dem Teigschaber ganz vorsichtig unter.

7. Nun füllst du die Eismasse in die Schale. Deckel drauf und ab in den Gefrierschrank! Du musst etwa vier Stunden warten, bis das Eis fest geworden ist.

8. Vor dem Servieren garnierst du dein Eis noch mit Zitronen- oder Limettenscheiben und bunten Streuseln. Das sieht dann richtig toll aus!

Tipp

Ist das Eis noch sehr hart?
Dann lass es vor dem
Servieren etwas antauen.

Knabbermonster

Alle Knabbermonster aufgepasst! Jetzt wird um die Wette gekrümelt. Kannst du auch so schön schielen und mit den Augen rollen wie deine kleinen Monster? Dann leg mal los!

KNABBERMONSTER

Esspapier

100 g weiße Blockschokolade

blaue Lebensmittelfarbe

runde Kekse

Zuckeraugen

bunte Streusel

Küchenhelfer

Schere

Schälchen

Kochlöffel

Backpapier

Backpinsel

bunte Cake-Pop-Stiele

kleiner Löffel

UND WENN DU SELBER KEKSE BACKEN MÖCHTEST ...

150 g Weizenmehl

100 g Dinkelmehl

1 Messerspitze Backpulver

2 EL brauner Zucker

1 EL Vanillezucker

1 Prise Salz

1 Ei

125 g kalte Butter in Flocken

Mehl zum Bestäuben der Arbeitsfläche

Küchenhelfer

Handrührgerät mit Rührschüssel

Frischhaltefolie

Nudelholz

runde Ausstechform oder 1 Glas, Ø etwa 6 cm

1. Schneide zuerst aus dem Esspapier kleine Dreiecke aus, die wie Zähne aussehen, und lege sie anschließend erst mal zur Seite. Für jedes Knabbermonster brauchst du mindestens zwei Zähne.

2. Dann schmilzt du die Schokolade im Wasserbad oder bei niedriger Temperatur in der Mikrowelle. Sobald die Schokolade geschmolzen ist, rührst du eine gute Messerspitze der Lebensmittelfarbe unter. Ist dir das Blau noch zu hell, gibst du einfach etwas mehr Farbe dazu.

3. Jetzt geht's los! Lege deinen Arbeitsplatz mit Backpapier aus, nimm den Backpinsel und bestreiche deinen ersten Keks dick mit blauer Schokolade. Dann drückst du einen bunten Cake-Pop-Stiel mittig auf den Keks und verzierst dein Knabbermonster mit Zuckeraugen, bunten Streuseln und deinen ausgeschnittenen Esspapierzähnen. Eventuell nimmst du dabei den kleinen Löffel zu Hilfe.

4. Die fertig verzierten Knabbermonster lässt du auf dem Backpapier gut trocknen.

Tipp

Wenn du die Kekse für deine Knabbermonster selbst backen möchtest, findest du das Rezept unten. Was du dazu brauchst, kannst du auf Seite 21 nachlesen. Viel Spaß beim Backen!

KEKSE FÜR DIE KNABBERMONSTER

1. Zuerst gibst du die beiden Mehlsorten, Backpulver, Zucker, Vanillezucker und Salz in die Rührschüssel und vermengst alles miteinander. Dann fügst du das Ei und die Butter in Flocken dazu. Knete nun alle Zutaten gut durch, bis ein glatter Teig entsteht.

2. Wickle deine Teigkugel in Frischhaltefolie ein und lass sie für etwa 1 Stunde im Kühlschrank ruhen.

3. Nun kannst du den Backofen vorheizen (200 °C/ Umluft 175 °C). Wenn du die Temperatur eingestellt hast, rollst du den Teig auf einer bemehlten Arbeitsfläche etwa 4 mm dick aus. Aber Achtung, knete den Teig vor dem Ausrollen nicht zu lange, sonst wird er zu weich und muss wieder gekühlt werden. Jetzt stichst du mit dem Kreisausstecher oder mit dem Glas Kreise von etwa 6 cm Durchmesser aus. Lege deine ausgestochenen Kreise auf das Backblech.

4. Wenn der Teig verarbeitet ist und die Kreise ausgestochen auf dem Backblech liegen, schiebst du das Backblech in den Backofen und backst deine Kekse für etwa 10 Minuten. Nach dem Backen lässt du die Kekse auf einem Gitter gut auskühlen, bevor du sie verzierst.

Tipp

Möchtest du die Kekse einmal ohne Glasur backen, dann darfst du etwas mehr Zucker in den Teig geben oder die Kekse nach dem Backen mit Puderzucker bestäuben!

Höhlenpicknick

Bist du bereit für ein kleines Abenteuer? Dann brauchst du eine Höhle, deine Freunde und ordentlich Muckis in den Armen, denn deine Kräuterbutter schüttelst du heute mal selbst!

ZUTATEN

für 8 Brötchen

260 g Mehl

200 ml warme Milch

½ TL brauner Zucker

½ Würfel Hefe
(oder 1 Päckchen Trockenhefe)

1 TL Olivenöl

1 TL Meersalz

Mehl zum Bestauben der Formen

Frühlingszwiebeln

Küchenhelfer

Haarsieb

Rührschüssel

Muffinförmchen

Messer

Schneidebrett

1. Siebe das Mehl in eine große Schüssel. Forme mit deiner Hand eine kleine Mulde in der Mitte und gib die warme Milch, den braunen Zucker und die zerbröckelte Hefe hinein.

2. Gib Olivenöl und Meersalz dazu. Verrühre alle Zutaten zu einem glatten Teig und knete den Teig 4 Minuten lang durch.

3. Dann bestäubst du die Muffinförmchen auf der Innenseite mit etwas Mehl und befüllst sie zur Hälfte mit deinem Teig. Den Teig lässt du nun an einem warmen Ort für etwa 45 Minuten gehen.

4. Ist der Teig gut aufgegangen? Dann heize den Backofen auf 200 °C Umluft vor. Schneide die Wurzeln der Frühlingszwiebeln ab und kürze die Zwiebeln etwa auf die Höhe deiner Brötchen. Schneide das obere Ende der Zwiebeln einige Male ein. Jetzt kannst du die Zwiebeln in die Brötchen stecken. Achtung: Je weiter sie aus dem Teig herausragen, umso leichter verbrennen sie im Ofen. Du kannst deine Brötchen beim Backen auch mit Alufolie abdecken, um die Zwiebeln zu schützen.

5. Backe nun deine Brötchen für etwas 20 Minuten im Ofen.

Tipp

Mit etwas Rote-Bete-Saft kannst du deinen Teig auch einfärben. Dazu einfach eine Rote-Bete-Knolle reiben und durch ein Sieb drücken. Aber zieh dir lieber Küchenhandschuhe an, sonst hast du später ganz rote Hände.

ZUTATEN

1 Becher Sahne (200 g)

frische Kräuter, z. B. Schnittlauch
und Petersilie

etwas Meersalz

Küchenhelfer

Glas mit Schraubdeckel

Sieb

Messer

Schneidebrett

kleiner Löffel

SCHÜTTELBUTTER

1. Fülle die Sahne in das Glas mit Schraubdeckel, schraube es gut zu und schüttle die Sahne etwa 5 Minuten lang. Dabei ist es nicht wichtig, dass du schnell schüttelst. Nach einigen Minuten wird aus der flüssigen Sahne feste Sahne. Bald hast du's geschafft! Schüttle so lange weiter, bis ein Butterklumpen entsteht und die Buttermilch sich getrennt hat.

2. Nun kippst du den Glasinhalt in das Sieb, um die Butter von der Flüssigkeit zu trennen. Danach gibst du die Butter wieder in dein Glas. Als Nächstes schneidest du die frischen Kräuter und gibst sie, zusammen mit einer guten Prise Meersalz, in das Glas. Rühre die Butter mit dem Löffel gut durch. Fertig!

3. Geschafft! Jetzt kannst du mit deinen warmen Brötchen und deiner Schüttelbutter ein tolles Höhlenpicknick veranstalten!

Tipp

Kennst du das
Lied „Hänschen klein"?
Dieser Takt ist ein gutes
Schütteltempo. Bewege
deinen Arm mit dem
Glas im Takt hoch
und runter.

Apfel-Liebe

Hast du deiner Omi schon einmal gesagt, dass sie die Beste ist? Bist du verliebt? Weiß dein kleiner Bruder, dass er ein Frechdachs ist? Wen möchtest du mit deinem Apfel überraschen?

ZUTATEN

6 kleine Äpfel

6 Holzspieße

verschiedene Zuckerperlen und Streusel

1 Granatapfel

1 Zitrone

500 g Zucker

1 Messerspitze rote Lebensmittelfarbe

Papierstrohhalme

Küchenhelfer

großer Teller

Backpapier

einige Schälchen

scharfes Messer

Schneidebrett

Zitronenpresse

Haarsieb

Topf

Holzlöffel zum Umrühren

Löffel

Schälchen mit kaltem Wasser und Eiswürfeln

für deine kleine Liebesbotschaft

bunte Papierstreifen

Stift

Washi Tape

Tipp

Du kannst auch auf Farbstoff verzichten. Die Granatapfelglasur ist hellrosa und sieht mit den Streuseln auch hübsch aus.

1. Wasche zuerst die Äpfel und trockne sie gut ab. Dann steckst du in jeden Apfel am Stiel einen Holzspieß ein. Den Stiel lässt du dran! Jetzt stellst du einen Teller mit Backpapier bereit und füllst in die Schälchen Zuckerperlen und -streusel.

2. Den Granatapfel und die Zitrone rollst du auf dem Tisch hin und her, dann lässt sich der Saft besser auspressen. Schneide die zwei Früchte in der Mitte durch. Presse den Granatapfel aus und siebe den Saft durch ein Haarsieb in den Topf. Nun presst du die Zitrone aus und fügst noch einen Esslöffel Zitronensaft dazu.

3. Dann gibst du den Zucker ebenfalls in den Topf.

4. Lass dir beim Kochen helfen. Erhitze alle Zutaten langsam bei mittlerer Hitze und unter ständigem Rühren. Sobald sich der Zucker aufgelöst hat, drehst du die Temperatur auf ganz niedrig. Erhitze die Masse, bis sie dickflüssig wird und ein wenig zu blubbern

beginnt. Möchtest du etwas Lebensmittelfarbe verwenden, dann darfst du sie jetzt hineingeben und gut verrühren.

5. Gib einen Klecks Zuckermasse in ein Schälchen mit Eiswasser. Wird die Masse fest, ist deine Glasur fertig. Nimm einen aufgespießten Apfel und tauche ihn in den Sirup. Den Topf dafür mit dem Topflappen etwas schräg halten. Mit dem Löffel kannst du den Apfel auch mit Sirup übergießen.

6. Dann drückst du deinen glasierten Apfel in ein Streuselschälchen und legst ihn anschließend auf das Backpapier zum Aushärten. Stecke noch einen Papierstrohhalm über den Holzspieß.

7. Schneide sechs 1 cm breite Papierstreifen zurecht und schreibe oder male eine kleine Liebesbotschaft darauf. Wenn die Glasur hart ist, klebst du die Zettelchen mit Washi Tape an die Stielenden der Äpfel.

WO IST KARLI?

Waffelherzen

Wenn der Regen gegen das Küchenfenster klopft und die Füße ganz kalt sind, ist es besonders schön, wenn der Geruch von frisch gebackenen Waffeln durchs Haus zieht!

ZUTATEN

für 35 Waffelherzen

Waffelteig

250 g weiche Butter

150 g Zucker

3 EL Agavendicksaft

6 Eier

160 g Mehl

1 ½ TL Backpulver

30 g gemahlene Haselnüsse

100 g gemahlene Mandeln

etwas Butter oder Öl zum Einfetten des Waffeleisens

Küchenhelfer

große Rührschüssel

Handrührgerät mit Rührschüssel

Haarsieb

Waffeleisen

Backpinsel

HIMBEERSAHNE

ca. 140 g Himbeeren (tiefgefroren oder frisch)

1 Becher Sahne (200 g)

Vanillezucker nach Belieben

Küchenhelfer

Handrührgerät mit Rührschüssel

WAFFELTEIG

1. Verrühre in der großen Rührschüssel mit dem Handrührgerät Butter, Zucker und Agavendicksaft miteinander.

2. Dann fügst du nach und nach die sechs Eier hinzu.

3. Siebe Mehl und Backpulver darüber und verrühre alles miteinander.

4. Nun gibst du die gemahlenen Haselnüsse und Mandeln dazu und rührst den Teig erneut gut durch.

5. Schalte das Waffeleisen ein und fette es nach dem Erwärmen ein. Dazu verwendest du am besten den Backpinsel.

6. Backe nun alle Waffeln möglichst dick aus.

HIMBEERSAHNE

1. Falls du gefrorene Himbeeren verwendest, lass sie zunächst kurz antauen.

2. In der Zwischenzeit schlägst du die Sahne steif. Wenn du möchtest, kannst du noch Vanillezucker dazugeben.

3. Nun fügst du die Himbeeren hinzu und mixt alles erneut kurz durch.

Tipp

Du kannst natürlich auch andere Beeren oder Kirschen für die Sahne verwenden. Am besten deine Lieblingsbeeren!

Regenwetter WERKSTATT

Schau mal, ein Regenbogen!
Wusstest du, dass ein Regenbogen
nicht nur am Himmel entstehen kann?
Wenn du mit dem Rücken zur Sonne stehst
und mit dem Gartenschlauch einen
feinen Nieselregen erzeugst, kannst du
selbst einen Regenbogen machen. Probier
es doch einfach mal aus!

Wunderwolke

Wenn dir der Regen beim Einschlafen ein Gute-Nacht-Lied gegen die Fenster tropft und du dich unter deine warme Bettdecke kuschelst, kannst du bestimmt schön träumen. Und wenn es mal nicht regnet, legst du dich einfach unter deine Wunderwolke!

MATERIAL

Tapetenkleister

alte Zeitungen

8–10 Luftballons

Acrylfarbe in Weiß

Füllwatte (eventuell auch Füllwatte
von einem Kissen, das ist oft günstiger)

Angelschnur

Holzspieße und Zahnstocher

Schablone von Seite 172

Tonpapier in verschiedenen Blautönen

Hilfsmittel

Arbeitsunterlage oder alte Zeitungen

breiter Borstenpinsel

Bastelkleber

Klebeband, z. B. Malerkrepp

Stift

Schere

Papierkleber (Klebestift)

3

4

1. Bereite deinen Arbeitsplatz vor, am besten arbeitest du bei diesem Projekt auf dem Fußboden. Decke ihn mit alten Zeitungen gut ab.

2. Zuerst rührst du den Tapetenkleister, wie in der Packungsanleitung beschrieben, an und und reißt das Zeitungspapier in Streifen.

3. Jetzt geht's los! Puste zunächst drei bis vier Ballons auf und klebe sie mit den eingekleisterten Zeitungs- streifen aneinander. Am einfachsten ist es, wenn du die Streifen mit den Händen mit Tapetenkleister be- schmierst. Das macht großen Spaß und du kannst deine Kleisterfinger später einfach wieder mit warmem Wasser abwaschen. Achte darauf, dass die Streifen an den Übergängen zwischen den Ballons locker sitzen, damit du später eine schöne Wolkenform erhältst.

4. Wenn deine Wolke getrocknet ist, drehst du sie um und beklebst die andere Seite mit eingekleisterten Zeitungsstreifen. Vergrößere deine Wolke nach und nach in die Breite und Tiefe, bis du mit ihrer Form zufrieden bist. Insgesamt sollten etwa drei Zeitungs- schichten aufgeklebt werden.

Tipp

Die Ballons für die Tiefe der Wolke, also diejenigen, die du später oben oder unten einbaust, dürfen ruhig etwas kleiner sein.

5. Wenn deine fertige Wolke gut durchgetrocknet ist (am besten über Nacht), bemalst du sie mit weißer Farbe und lässt sie erneut trocknen. Anschließend darfst du deine Wolke mit Füllwatte bekleben. Trage dazu Bastelkleber auf kleine Bereiche deiner Wolke auf und beklebe sie mit der Watte.

6. Jetzt könnt ihr die Wolke aufhängen. Dazu die Enden der Angelschnur jeweils um einen abgebrochenen Holzspieß knoten. Um den Knoten klebst du ein kleines Stück Klebeband, damit die Angelschnur nicht abrutschen kann. Dann pikst du die Spitze des Spießes in einen der äußeren Ballons und schiebst anschließend den Holzspieß ganz in den Ballon, ähnlich, wie man eine Schnur an einem Osterei befestigt.

7. Nun überträgst du die kleinen Tropfen (die Schablone dazu findest du auf Seite 172) auf Tonpapier und schneidest sie in verschiedenen Blautonen aus. Die Tropfen klebst du an ein etwa 1 m langes Stück Angelschnur. Klebe dazu jeweils zwei Tropfen der gleichen Farbe mit dem Papierkleber gegeneinander. Fertige auf diese Weise so viele Regentropfenschnüre an, wie du möchtest.

8. Bei der Befestigung der Tropfenschnüre lässt du dir helfen. Sie werden, wie die Aufhängungsschnur der Wolke, mit Holzspießen in den Ballons befestigt. Hier kannst du aber auch Zahnstocher verwenden.

Lego-Teller

Du brauchst für dieses Projekt flache Gegenstände mit Relief, also mit Erhebungen oder Vertiefungen, wie Lego- und Lego-Duplo-Platten oder Stiftplatten für Bügelperlen. Du kannst aber auch Fliesen oder Untersetzer mit Relief einsetzen. Also, Augen auf und los!

MATERIAL

lufttrocknende Modelliermasse

feines Schleifpapier

Hilfsmittel

Unterlage, z. B. großes Schneidebrett

Nudelholz

Schälchen in verschiedenen Größen (flachere Schälchen eignen sich besser)

Messer

Lego- oder Lego-Duplo-Platten, Stiftplatten

Tipp

Diese schönen Teller kannst du für deine Schätze oder deinen Schmuck verwenden, als Nussteller benutzen oder einfach an Freunde verschenken. Nur waschen solltest du sie nicht.

1. Suche Gegenstände mit Relief und lege sie zusammen mit dem Arbeitsmaterial, das du für dieses Projekt brauchst, bereit.

2. Rolle zuerst die Modelliermasse mit dem Teigroller auf einem großen Schneidebrett aus. Dann legst du ein Schälchen kopfüber auf die ausgerollte Modelliermasse und schneidest mit dem Messer vorsichtig um die Schale herum.

3. Den ausgeschnittenen Kreis legst du anschließend auf eine Legoplatte oder einen anderen Untergrund

mit Relief. Du kannst sowohl die Vorderseite, als auch die Rückseite der Legoplatten verwenden. Jetzt rollst du mit dem Nudelholz erneut mit leichtem Druck über die Modelliermasse.

4. Löse den Kreis vorsichtig von deiner Legoplatte und lege ihn anschließend in das Schälchen. Wenn die Reliefseite des Kreises nach oben zeigt, befindet sich das Muster später, wenn das Schälchen fertig ist, auf der Innenseite. Zeigt das Relief nach unten, ist das Muster später auf der Außenseite des Schälchens zu sehen.

5

7

5. Schneide mit einem Messer vorsichtig den über-schüssigen Rand ab. Die Modelliermasse muss jetzt trocknen, lies dir dazu die Anweisung auf der Packung durch. Dann können die Schalen zum Trocknen bei-seitegestellt werden.

6. Nach dem Trocknen holst du deine Lego-Teller aus den Schalen. Aber Vorsicht! Anfangs sind die Teller noch leicht zerbrechlich. Erst nachdem sie richtig durchgehärtet sind, sind sie stabil. Nun lässt du die Schälchen nochmals gut trocknen.

7. Wenn die Schälchen richtig durchgehärtet sind, darfst du den Rand einer Schale vorsichtig mit fei-nem Sandpapier schmirgeln.

Tipp
Du kannst die Teller auch bunt anmalen oder auch nur den Tellerrand farbig gestalten.

Konfettiregen

Manchmal hat man an Regentagen ganz schön schlechte Laune.
Und gegen schlechte Laune hilft auf jeden Fall Konfettiregen!
Du kannst ihn ganz einfach machen. Dazu brauchst du nur zwei
Sprühflaschen und Farben aus deinem Tuschkasten.
Und schon kann's losgehen!

MATERIAL

2 Farben aus deinem
Tuschkasten (Blau und eine
weitere Farbe, z. B. Pink)

2 Sprühflaschen

festes weißes Papier

Schablone von Seite 171

schwarzes Papier

Hilfsmittel

Malunterlage oder alte Zeitungen

Messer

Schere

Papierkleber

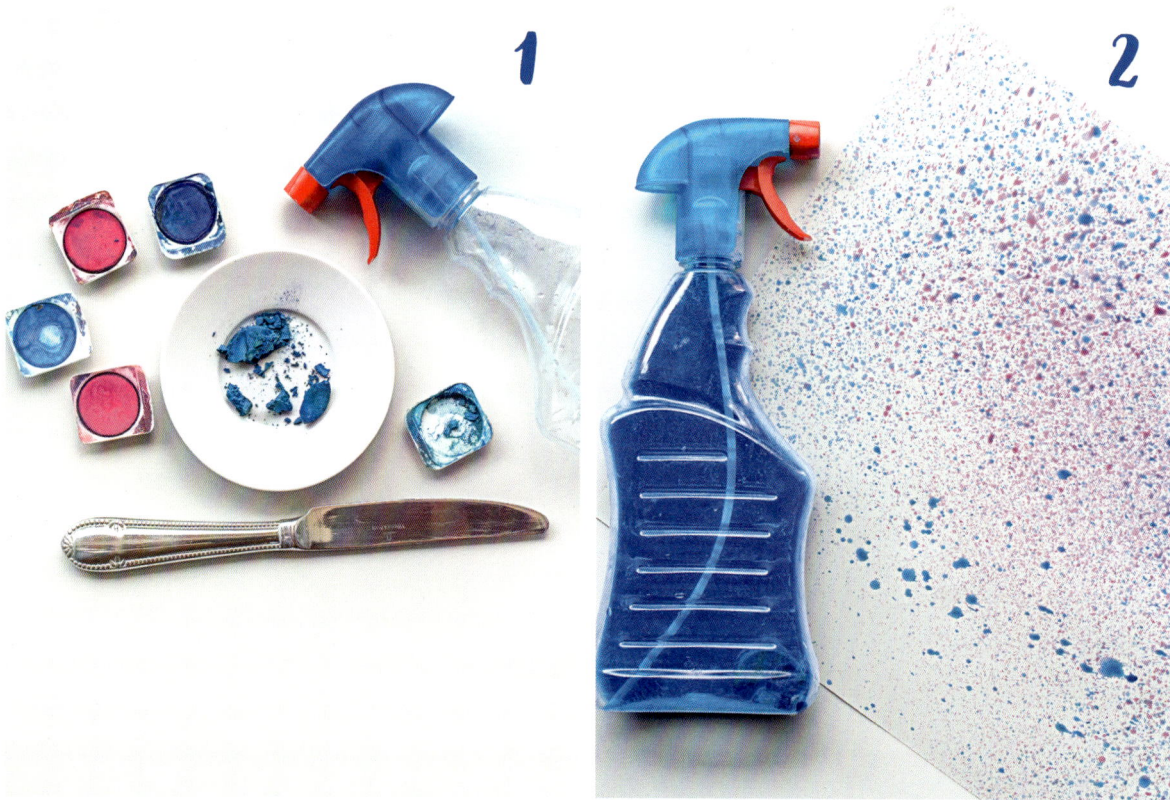

1. Bevor du anfängst, solltest du unbedingt eine große Malunterlage oder alte Zeitungen ausbreiten. Dann löst du zwei Farbschälchen aus dem Tuschkasten (z. B. Pink und Blau). Vielleicht brauchst du sowieso neue Farben, dann kannst du die Reste jetzt gut verwerten. Zerkleinere die Farbreste mit dem Messer und gib je eine Farbe in eine Sprühflasche. Fülle eine kleine Menge Wasser hinein (ein halbes Glas). Achtung! Nicht zu viel Wasser. Die Farbe wird intensiver, wenn du zwei Farbtabletten in eine Flasche gibst.

2. Schüttle die Sprühflaschen eine ganze Weile, damit sich die Farbe auflöst. Zwischendurch kannst du auf einem Blatt Papier probesprühen und schauen, ob du mit deiner Farbe zufrieden bist. Eventuell musst du etwas Wasser nachfüllen. Gefällt dir die Farbe? Dann geht's los! Sprühe zunächst mit der blauen Farbe auf weißes Papier. Anschließend sprühst du mit deiner zweiten Farbe (z. B. Pink) so lange darüber, bis dir dein Konfettiregen gefällt. Lass dein Bild nun gut trocknen.

Tipp

Du kannst auch zwei Farben aus einer Farbfamilie miteinander mischen, z. B. Hellblau und Dunkelblau.

3. Lass dir die Schablone von dem Kind mit Regen-
schirm kopieren (siehe Seite 171). Übertrage die Form
auf das schwarze Papier. Vielleicht lässt du dir auch
beim Ausschneiden helfen. Klebe das Kind auf dein
Konfetti-Bild. Wenn du magst, kannst du dein Kunstwerk auch noch in einen Rahmen geben.

Tipp

Wenn du lieber ein Kind mit
kürzeren Haaren möchtest, kannst
du die Frisur der Schablone beim
Ausschneiden auch etwas
verändern.

Tonis Tafel

Auf deiner Tafel kannst du mit dem Regen um die Wette klopfen
und dann malst du vielleicht noch ein schönes Regenbild.
Ich bin gespannt!

MATERIAL

1 Holzbrett,
mindestens 1 cm dick

Tafelfarbe

kleine Nägel, z. B. 1,7 cm in Kupfer

Hanfband in verschiedenen Farben

Tafelkreide

Hilfsmittel

Pinsel oder kleine Farbrolle

kleiner Hammer

Schere

1. Zuerst bemalst du das Brett mit Tafelfarbe und lässt es gut trocknen. Eventuell musst du eine zweite Farbschicht auftragen, damit dein Brett wie eine richtige Tafel aussieht.

2. Ist die Tafel trocken? Dann darfst du jetzt mit den Nägeln kleine Schirmchen auf das Brett hämmern. Achtung! Die Nägel sollen fest im Holz sitzen, aber nicht zu weit reingehämmert werden, damit du sie später noch mit Hanfband umwickeln kannst.

3. Suche dir eine Farbe für deinen ersten Schirm aus und knote eine kleine Schlaufe ans Bandende. Dabei kannst du dir ruhig helfen lassen.

4. Lege die Schlaufe um einen der äußeren Nägel eines Schirms und wickle das Band im Slalom um die Nägel, immer wieder hin und her, bis du mit dem Ergebnis zufrieden bist. Als Nächstes spinnst du ein Spinnennetz von einer Schirmseite zur anderen und füllst so das Innere der Schirmform. Fertige auf diese Weise weitere Schirmchen auf deiner Tafel an.

5. Bist du mit deinen Schirmchen fertig? Dann kannst du mit der Kreide auf deiner Tafel malen. Wer fliegt denn da oben mit seinem Schirm bei Regen durch die Lüfte?

Tipp

Du kannst natürlich auf deiner Tafel auch ganz andere Sachen hämmern und malen. Wie wäre es mit einem Regenbogen?

4

Tipp

Wenn du genug
hast von deinem Bild,
wickelst du das Band wieder
ab, ziehst mit einer Zange die
Nägel aus der Tafel und wischst
die Kreide ab. Und beim
nächsten Regentag geht's
von vorne los!

Badebomben

Rot, Grün, Lila, Orange, Blau, Gelb! Welche Farbe darf heute mit in die Badewanne? Hübsch verpackt hast du auch gleich ein tolles Geschenk für deine Mama oder deinen besten Freund.

MATERIAL

140 g Natron
(das kaufst du im Drogeriemarkt
oder in der Apotheke)

70 g Zitronensäure

15 g Speisestärke

25 g Milchpulver

2 EL Kakaobutter

1 EL Mandelöl

etwa 10 Tropfen Duftöl,
z. B. Rosenöl, Lavendelöl,
Vanilleöl, Kokosöl

Einweghandschuhe

Lebensmittelfarben

Hilfsmittel

Schüssel

Esslöffel

Topf

Schälchen zum Färben
der Masse

Eiswürfelförmchen,
Muffinförmchen oder
Pralinenförmchen

eventuell kleine Blüten,
z. B. Gänseblümchen

1. Als ersten Schritt gibst du Natron, Zitronensäure, Stärke und Milchpulver in eine Schüssel und verrührst alle Zutaten. Dann schmilzt du die Kakaobutter und gibst sie zusammen mit dem Mandel- und dem Duftöl dazu. Nachdem du alles gut durchgerührt hast, verteilst du die Masse auf vier bis fünf Schälchen. Je nachdem, wie viele Farben du möchtest.

2. Jetzt darfst du die Masse in den Schälchen mit Lebensmittelfarbe einfärben. Für jedes Schälchen kannst du dir eine Farbe aussuchen. Zieh dir vorher Handschuhe an. Gib zunächst nur wenige Tropfen der Lebensmittelfarbe hinein und knete die Menge gut durch. Eventuell färbst du die Masse noch nach.

3. Jetzt kannst du die Masse in deine Förmchen füllen. Drücke sie nach dem Befüllen mit den Fingern fest. Wenn du möchtest, kannst du zwei verschiedene

Farben übereinander schichten. Besonders hübsch sieht es aus, wenn du noch kleine Blüten einarbeitest. Lege die Blüten verkehrt herum in die Formchen oder drücke sie nach dem Befüllen vorsichtig in die Masse. Lass deine Badebomben über Nacht trocknen. Am nächsten Tag kannst du sie vorsichtig aus den Formen lösen und auf einen Teller legen. Hast du Lust auf ein buntes Bad? Dann los! Die übrigen Bade-bomben lässt du noch ein paar Tage aushärten, bevor du sie in einem Glas oder in einer Dose aufbewahrst oder verschenkst.

Tipp

Wenn du Muffinförmchen verwendest, befüllst du nur den Boden (etwa 1 cm hoch). So entstehen hübsche Badetaler.

Kuller-Kunst

Wusstest du, dass du mit einem schönen runden Stein die tollsten Bilder malen kannst? Ratzfatz geht das und am Ende kannst du eine kleine Ausstellung machen!

MATERIAL

weißes Papier

1 Kartondeckel, z. B. von einem Schuhkarton

Farbe, z. B. Acrylfarbe oder Fingerfarbe

ein paar rundliche walnussgroße Steine

Hilfsmittel

einen Malkittel und alte Zeitungen als Unterlage

breites Malerkrepp

1. Zieh dir zuerst einen Malkittel oder alte Klamotten an und breite deine Malunterlage aus, denn gleich wird gekleckst und gekullert. Lege ein Blatt weißes Papier in deinen Kartondeckel und klebe das Papier ringsherum mit dem Malerkrepp fest. Dann gibst du in einer Ecke des Kartondeckels etwas Farbe auf das Malerkrepp.

2. Und jetzt geht's los! Lege einen Stein in den Kartondeckel und bewege ihn vorsichtig hin und her, sodass der Stein im Deckel herumkullert. Sobald der Stein durch die Farbe gerollt ist, hinterlässt er eine Spur auf dem weißen Papier. Wenn du magst, kannst du nach einer Weile eine zweite Farbe in eine andere Ecke geben oder einen weiteren Stein dazulegen. Sieh dir dein Bild an. Bist du mit dem Ergebnis zufrieden? Dann löst du vorsichtig das Klebeband ab und legst dein Kunstwerk zum Trocknen zur Seite. Und weiter geht's mit dem nächsten Kuller-Bild!

Tipp

Damit du das Malerkrepp später wieder problemlos von deinem Bild lösen kannst, klebst du die Klebestreifen am besten erst einmal auf den Tisch und löst sie wieder ab. So kleben sie nicht mehr ganz so stark.

Unterwasserwelt

Wenn draußen alles grau ist und man gar nicht aus dem Fenster schauen mag, dann zauberst du dir deine eigene Unterwasserwelt und tauchst einfach mal ab.

MATERIAL

Tapetenkleister

Schablonen von den Seite 166 und 167

Transparentpapier in verschiedenen Farben

Krepppapier in verschiedenen Blautönen

Washi Tape in Blau

Hilfsmittel

Schere

Fineliner in Schwarz

Kreidestift in Weiß

1

3

1. Rühre den Tapetenkleister nach der Packungsan-leitung an. Dann schneidest du aus Transparentpapier verschiedene Fische und Meerestiere wie Seesterne, Quallen oder Tintenfische aus und malst ihnen mit dem Fineliner Augen und Schuppen auf. Schablonen dazu findest du auf den Seiten 166 und 167. Reiße hellgrünes und dunkelgrünes Transparentpa-pier in Streifen. Die einzelnen Streifen setzt du gleich an der Fensterscheibe oder an der Tür mit Ta-petenkleister zu Seegras oder Algen zusammen.

2. Tauche nun deinen Finger in den Tapetenkleister und streiche etwas Kleister auf einen ausgeschnittenen Fisch. Klebe ihn an eine Fenster- oder Terrassentür-scheibe, kleine Fältchen streichst du gleich mit deinem

Finger glatt. Jetzt weißt du, wie es geht. Gestalte deine Unterwasserwelt. Und keine Angst! Den Kleister und die Fische kannst du leicht wieder mit warmem Wasser und einem Lappen abwaschen.

3. Mit dem Kreidestift kannst du jetzt noch Luftbla-sen auf das Glas zeichnen. Wenn du mit der Gestal-tung deiner Scheibe fertig bist, schneidest du knapp 1 cm breite Streifen von den Krepppapierrollen ab. Hast du nicht genug Kraft? Dann lass dir dabei hel-fen. Die blauen Papierschlangen klebst du dann mit dem Washi Tape über dem Fenster an der Wand fest. Das Washi Tape lässt sich später leicht wieder ent-fernen. Und schon ist deine Unterwasserwelt fertig!

Tipp

Wenn du deine
Unterwasserwelt wieder
abnehmen möchtest, feuchtest
du alles mit einem Lappen und
warmem Wasser an. Lass das
Papier etwas anweichen. Anschließend kannst du alles
gut mit dem Lappen
entfernen.

Schachtelschatz

Eine kleine Schatztruhe für Langeweiletage. Wenn dir mal gar nichts einfällt, bläst du einfach einen Luftballon auf, der verrät dir dann, was du Schönes machen kannst. Oder du freust dich über das Buch, aus dem Papa dir jetzt vorliest, oder das Rezept, nach dem du jetzt zusammen mit Mama leckere Waffeln backen kannst ...

MATERIAL

1 Schachtel mit Deckel

schmales Malerkrepp

3–4 verschiedene Kreide- oder Acrylfarben

einige Luftballons

Hilfsmittel

alte Zeitungen als Malunterlage

Schere

Pinsel

wasserfester Stift mit feiner Mine

Dinge, die du in deinen Schachtelschatz legen kannst

beschriftete Luftballons mit Ideen gegen Langeweile

Teebeutel

1 schönes Buch

1 Lieblingsrezept

Knete

Kekse

1 Hörspiel oder schöne Musik

Bonbons (deine selbst gemachten Karamellos, siehe Seite 12)

eine Kerze, die man zusammen zum Tee mit Mama und Papa anzündet

1. Zuerst klebst du mit dem Malerkrepp ein Muster auf die Schachtel.

2. Male das Muster in verschiedenen Farben aus. Bist du fertig? Dann zieh das Klebeband wieder ab. Lass die Schachtel gut trocknen.

3. Jetzt suchst du dir einen Helfer. Gemeinsam pustet ihr einen Luftballon auf. Einer hält die Ballonöffnung fest zu (aber nicht zuknoten), während der andere mit dem wasserfesten Stift eine gute Idee gegen Langeweile daraufschreibt. Anschließend lasst ihr die Luft wieder aus dem Ballon. Schau mal, wie klein die Schrift nun aussieht.

4. Packe deine beschriebenen Ballons und noch andere Schätze in deine bemalte Schachtel und verstecke sie an einem geheimen Ort. Beim nächsten Langeweiletag darfst du sie wieder aufmachen.

Tipp

Klebe deine Klebestreifen zuerst auf eine glatte Oberfläche und zieh sie wieder ab. So kleben sie nicht mehr ganz so doll und lassen sich später leichter wieder von der Schachtel lösen.

Lieblingsrezept

Waffeln

-...e Butter

-150g Zucker

-3 EL Agavendicksaft

-6 Eier nach u...

-160g M...

-... ...ver

-10.g gemahlene Mandeln

-30g gemahlene Haselnusse

miteinander vermengen und hinzufügen.

Das heiße Waffeleisen mit Butter einfetten und die
Waffeln möglichst dick backen.

Die warmen Waffeln mit Puderzucker und Himbeersahne
auffuttern.

Sterne und Schneeflocken

Du hast bestimmt schon einmal Sterne aus Papiertüten gefaltet. Aber hast du die Tüten vorher angemalt? Das sieht wunderschön aus. Und wusstest du, dass du aus Tortenspitzen hübsche Schneeflocken basteln kannst? Die sind auch im Sommer schön!

MATERIAL

PÜNKTCHEN-STERN

8 kleine Papiertüten

schwarzer dicker Filzstift oder Permanentmarker

Hilfsmittel

Klebestift

Schere

REGENBOGEN-STERN

8 kleine Papiertüten

Aquarellstifte
oder Deckmalfarben

Hilfsmittel

Pinsel

Glas mit Wasser

Klebestift

Schere

GROSSE SCHNEEFLOCKE

12 rechteckige Tortenspitzen

Hilfsmittel

Klebestift

KLEINE SCHNEEFLOCKE

6 runde Tortenspitzen

Hilfsmittel

Schere

Klebestift

ZUM AUFHÄNGEN FÜR ALLE STERNE UND SCHNEEFLOCKEN

Band oder Drachenschnur,
Klebeband und Büroklammer

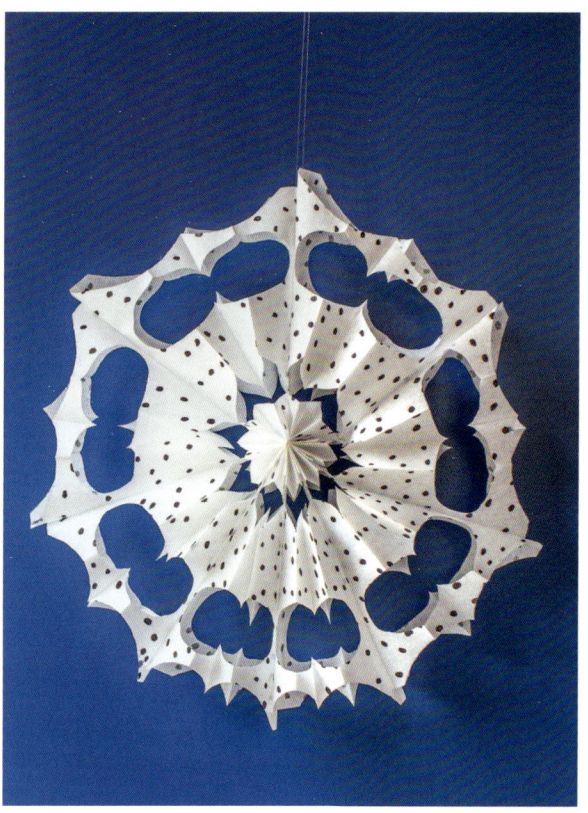

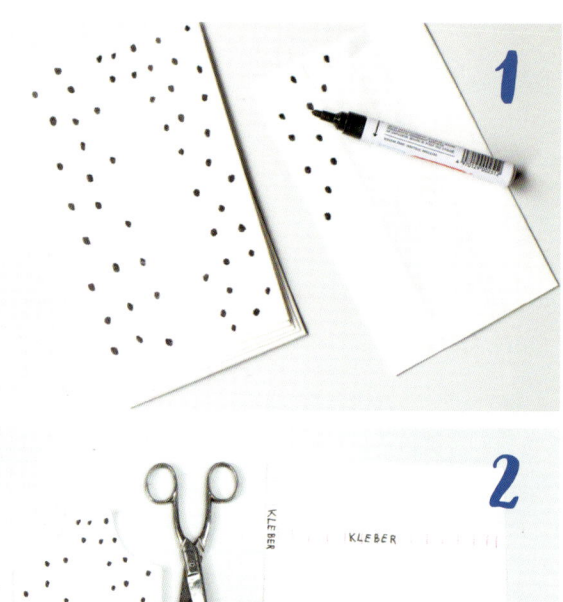

PÜNKTCHEN-STERN

1. Male mit dem Filzstift schwarze Punkte auf die Vorder- und Rückseite von allen acht Tüten. In die Mitte brauchst du keine Punkte malen, da werden die Papiertüten gleich zusammengeklebt.

2. Jetzt werden alle acht Tüten zusammengeklebt. Dazu ziehst du auf jeder Tüte in der Mitte und am unteren Rand mit dem Klebestift einen Klebestreifen und klebst die Tüten übereinander. Hast du alle Tüten zusammengeklebt? Dann darfst du jetzt mit der Schere ein Muster einschneiden. Du kannst das Muster zur Übung in eine unbemalte Brottüte schneiden. Oder du zeichnest es einfach mit einem Bleistift vor. Zum Schluss klebst du mit einem Klebestreifen ein Band oder etwas Drachenschnur zum Aufhängen fest.

3. Ist der Kleber trocken? Dann darfst du deinen Stern jetzt aufklappen. Du kannst ihn mit einer Büroklammer zusammenhalten, so lässt er sich immer wieder zusammenfalten. Oder du klebst den Stern zusammen.

Tipp

Die Vorderseite der Brottüte ist kürzer als ihre Rückseite. Achte beim Zusammenkleben von zwei Tüten darauf, dass jeweils zwei kurze oder zwei lange Seiten aufeinanderliegen.

REGENBOGEN-STERN

1. Male alle acht Papiertüten von beiden Seiten mit deinen Aquarellstiften an. Dazu verwendest du verschiedene Farben, damit dein Stern später schön bunt wird. Wenn du mit dem Ergebnis zufrieden bist, malst du mit dem Pinsel und etwas Wasser über die Farbe. Schau mal, wie schön das aussieht! Jetzt müssen alle Tüten gut trocknen. In der Zwischenzeit kannst du einen anderen Stern basteln.

2. Jetzt werden alle acht Tüten zusammengeklebt. Dazu ziehst du auf jeder Tüte in der Mitte und am unteren Rand mit dem Klebestift einen Klebestreifen, wie beim Pünktchen-Stern. Hast du alle Tüten zusammengeklebt? Dann darfst du jetzt mit deiner Schere ein Muster hineinschneiden. Zum Schluss klebst du mit

einem Klebestreifen ein Band oder etwas Drachenschnur zum Aufhängen fest.

3. Wenn der Kleber trocken ist, darfst du deinen Stern aufklappen. Du kannst den Stern mit einer Büroklammer zusammenhalten, so kannst du ihn immer wieder zusammenfalten. Oder du klebst ihn nach dem Auseinanderfalten zusammen.

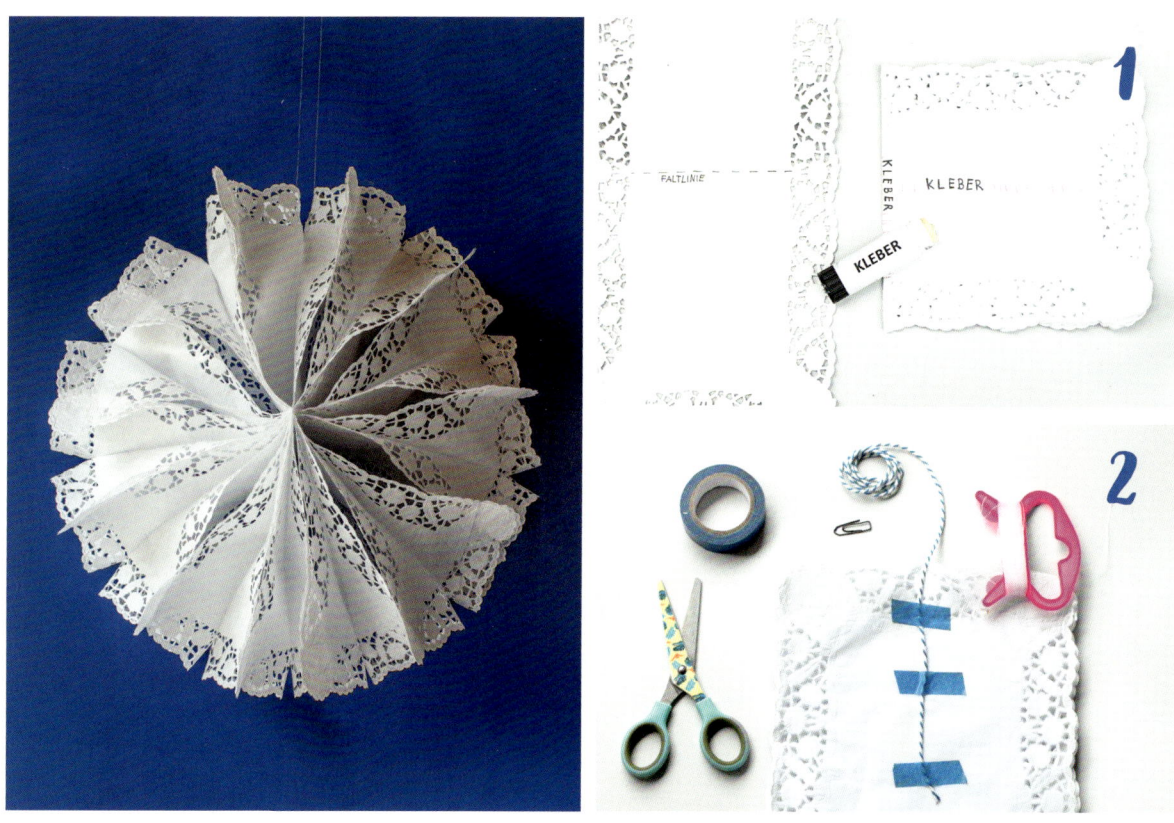

GROßE SCHNEEFLOCKE

1. Falte alle Tortenspitzen in der Mitte zusammen. Dann trägst du auf jeder gefalteten Tortenspitze in der Mitte und seitlich am Falzrand einen Klebestreifen auf. Klebe die zwölf Tortenspitzen übereinander.

2. Mit Klebestreifen klebst du nun noch die Schnur zum Aufhängen fest. Wenn der Kleber trocken ist, kannst du deine große Schneeflocke aufklappen.

Tipp

Beide Schneeflocken lassen sich nach dem Aufklappen mit einer Büroklammer zusammenhalten. So kannst du sie wieder zusammenfalten. Oder du klebst sie in der Mitte zusammen.

KLEINE SCHNEEFLOCKE

1. Falte alle Tortenspitzen zu einem Viertel zusammen (also zweimal falten). Klappe sie wieder auseinander, sodass eine halbe Tortenspitze vor dir liegt, und schneide sie in der Mitte durch.

2. Dann klappst du die Spitzenviertel wieder auf, du erhältst eine halbe Tortenspitze. Auf jeder halben Tortenspitze an der Schneidekante mit dem Klebestift einen Streifen ziehen und wieder zu einem Viertel zusammenkleben. Insgesamt brauchst du zwölf Tortenviertel. Trage mit dem Klebestift auf der Mittellinie eines jeden Spitzenviertels einen Streifen Kleber auf. Klebe nacheinander alle zwölf Viertel übereinander.

3. Befestige mit einem Klebestreifen die Schnur zum Aufhängen. Klappe deine Schneeflocke erst auf, wenn der Kleber getrocknet ist.

Tipp

Die kleine Schneeflocke sieht hübscher aus, wenn du sie an zwei Bändern aufhängst. So fällt sie besser. Klebe dazu mit Tesafilm ein Stück Schnur rechts und links in einen der oberen Fächer.

WO IST KARLI?

LIO   ANNI   BO   MAMA   PAPA

Gummistiefel-Parade

Wer sagt denn, dass die Gummistiefel an deine Füße gehören?
Heute steckst du mal deine Hände hinein und verwandelst sie in
Stiefel-Stempel. Aber erst einmal suchst du alle Gummistiefel
zusammen, die du im Haus finden kannst. Los geht's!

GUMMISTIEFEL-PARADE

verschieden große
Gummistiefel
(mit sauberen Sohlen)

Tuschkasten

Deckweiß

weißes festes Papier

Bilderrahmen

Hilfsmittel

Malunterlage oder alte
Zeitungen

Pinsel

Schere

Alleskleber

GARDEROBE

1 Leinwand,
z. B. in 120 x 40 cm,
4 cm tief

Schraubhaken

dicker wasserfester Stift

Tipp

Du kannst auch auf
Packpapier drucken und
so ein lustiges Geschenk-
papier gestalten. Oder du
steckst die Abdrücke deiner
Gummistiefel in einen
Bilderrahmen.

1. Bevor du anfängst, solltest du eine große Malunterlage oder alte Zeitungen ausbreiten. Dann kann's losgehen! Bemale die Sohlen eines Gummistiefels mit einer Farbe deiner Wahl. Damit die Farbe gut deckt, musst du sie zuvor mit dem Pinsel mit etwas Wasser und Deckweiß rühren, bis kleine Bläschen entstehen.

2. Nun setzt du deinen bemalten Stiefel auf dem Papier auf und erhältst einen Abdruck der Sohle. Nach dem Drucken kannst du den Fußabdruck ausschneiden und auf eine Leinwand kleben oder in einem Bilderrahmen aufhängen.

GARDEROBE

Wenn du auch so eine lustige Garderobe gestalten möchtest, klebst du die ausgeschnittenen Stiefelabdrücke deiner Familienmitglieder auf eine Leinwand. Die Leinwand sollte eine Tiefe von etwa 4 cm haben, damit du auch Haken hineinschrauben kannst. Anschließend beschriftest du die Abdrücke noch mit einem wasserfesten dicken Stift. Und jetzt müssen Mama oder Papa dein Kunstwerk nur noch ordentlich an der Wand befestigen!

Was regnet's?

Es gibt so viele verschiedene Wörter für Regen. Heute
regnet's hier Hunde und Katzen! Verrückt, oder? Hast du
diesen Ausdruck schon einmal gehört?

MATERIAL

1 Stempelkissen mit
verschiedenen Farben

festes Papier in Postkartengröße oder
weißes DIN-A4-Papier

eventuell Briefumschläge

Hilfsmittel

schwarzer Fineliner

1. Stemple mit deinen Fingern bunte Fingerabdrücke auf das Papier: für den Körper von Hund oder Katze einen größeren längeren Abdruck und für den Kopf einen kleinen. Achtung! Am besten druckst du zuerst die Körper und Köpfe in einer Farbe und wäschst dir ordentlich die Hände, bevor du mit der nächsten Farbe weiter druckst. Wenn die Stempelfarbe trocken ist, verwandelst du deine Fingerabdrücke in Hunde und Katzen.

2. Male mit dem Fineliner Augen, Schnauze, Schwanz und Beine. Die Katzen bekommen spitze Ohren, die Ohren der Hunde sind oben abgerundet. Zeichne den Katzen noch schöne lange Schnurrhaare an die Schnauze. Am besten ist es, du suchst dir dazu einen Helfer. Dann geht es schneller. Wenn du deine Karte oder deinen Brief verschicken möchtest, kannst du auch gleich noch einen Briefumschlag mit deinen Stempeltieren verschönern.

Tipp

Verwende bei den Fingerabdrücken für jede Farbe einen Finger. Sonst vermischen sich die Farben und wirken dann schmutzig. Oder du wäschst dir nach dem Einsatz von einer Farbe die Hände.

BRUNO BÄR
UND
BANDE

Bruno Bär und Bande

Mein Lieblingstier ist der Bär. Oder der Fuchs? Vögel mag ich auch!
Und den Hirsch mit seinem prächtigen Geweih ebenfalls. Und Hasen
sind so süß! Welche Tiere magst du am liebsten?

MATERIAL

weißes Papier

Wachsmalstifte

Schablonen von den Seiten 168–171

Malpappen in verschiedenen
Größen

Acryl- oder Kreidefarbe

Hilfsmittel

verschiedene Gegenstände für
deine Frottage (= Abreibung)
wie Legoplatten, Sieb,
Tortenspitze, Holz, Korb

Bleistift

Schere

schwarzer wasserfester Stift

Pinsel

Klebestift

Info

Frottage (= Abreibung)
bezeichnet eine grafische
Technik, bei der ein Oberflä-
chenrelief eines Gegenstands
mit Wachsmalstift oder Bleistift
auf darübergelegtes Papier
übertragen wird. Diese Technik
setzt du auch ein, wenn du
einen Abrieb von einer
Münze machst.

1. Suche verschiedene Gegenstände zusammen, die sich für deine Frottage eignen. Das sollten Gegenstände sein, die ein Relief aufweisen, also mit Erhebungen oder Vertiefungen, wie Legoplatten, Siebe, Filter, Maler-Abstreifgitter und so weiter.

2. Lege ein weißes Blatt auf deinen gewählten Gegenstand und reibe mit einem Wachsstift über das Papier. Siehst du das Muster, das auf dem Papier entsteht? Toll! Probiere diese Technik mit verschiedenen Gegenständen aus und fülle jeweils ein Blatt Papier mit einem Muster.

3. Dann suchst du dir aus den Schablonen auf den Seiten 168 bis 171 deine Lieblingstiere aus und überträgst die Schablonen mit Bleistift auf dein gemustertes Papier. Anschließend schneidest du die Tiere aus. Male den Tieren noch mit dem wasserfesten Stift schwarze Punkte als Augen und Schnauze beziehungsweise Schnabel.

4. Jetzt malst du die Malpappen mit Pinsel und Acrylfarben oder mit den Kreidestiften in verschiedenen Farben an. Nach dem Trocknen legst du zur Probe deine ausgeschnittenen Tiere darauf und überlegst, welches Format und welche Farbe am besten zu einem bestimmten Tier passen. Wenn du mit deiner Anordnung zufrieden bist, kannst du deine Tiere mit dem Klebestift aufkleben.

EINE RÜBE

Tipp

Verwende für dieses
Projekt Äpfel und Birnen
mit einem Stiel und Möhren
und Radischen mit Blattgrün,
das sieht besonders
hübsch aus!

Freche Früchtchen

An manchen Tagen sieht die Karotte aus wie ein Rennauto und das Radieschen grinst mich frech an! Der Apfel leuchtet besonders rot und die Zitrone blinzelt mir vergnügt zu. Lauter freche Früchtchen!

MATERIAL

verschiedene Obst- und Gemüse-
sorten zum Drucken wie Radieschen,
Apfel, Birne, Karotte,
kleine Ananas, Zitrone

Stoffmalfarben

1 Stoffrest zum
Probedrucken

1 weißes T-Shirt,
1 weiße Tischdecke oder andere
Textilien zum Bedrucken

eventuell eine
Buchstabenschablone

Hilfsmittel

Bastelunterlage

Schneidebrett

scharfes Messer

Pappteller zum Farbenmischen

Pinsel

1 Stück feste Pappe

1. Bevor du anfängst, bereitest du deinen Arbeitsplatz vor. Breite die Bastelunterlage aus und binde dir eine Malschürze um oder zieh dir ein altes T-Shirt über.

2. Dann legst du Obst und Gemüse bereit. Mit einem Helfer schneidest du die Teile in der Mitte durch. Die Möhre teilst du einmal längs und einmal quer. Nun darfst du die Schnittfläche eines Obst- oder Gemüsestücks mit dem Pinsel mit Stoffmalfarbe einfärben. Zunächst druckst du auf dem Stoffrest zur Probe. Du kannst mit deinen Obst- und Gemüsestempeln lustige Figuren oder Fahrzeuge drucken. Bestimmt hast du ganz viele eigene Ideen!

3. Hast du genug geübt? Dann geht's jetzt los. Vor dem Bedrucken steckst du noch ein Stück dicke Pappe in das T-Shirt, damit die Farbe nicht zur Rückseite durchsickert. Jetzt bedruckst du dein T-Shirt oder die

Tischdecke. Mit der Buchstabenschablone kannst du auch etwas schreiben. Die Schablone muss nach jedem Buchstaben gereinigt und getrocknet werden.

4. Lass die Farbe nach dem Drucken gut trocknen und fixiere sie anschließend nach Anweisung deiner Stoffmalfarbe. Das Obst und Gemüse, mit dem du gedruckt hast, kannst du leider nicht mehr essen.

Tipp
Du kannst aus den Grundfarben auch andere Farben mischen: Gelb + Blau = Grün, Gelb + Rot = Orange, Rot + Blau = Lila.

Villa Vogel

Wenn ich aus dem Küchenfenster schaue, sehe ich Spatzen, Amseln, Rotkehlchen und manchmal auch einen Buntspecht. Heute ist der Buchfink zu Besuch. Schau doch mal! Möchtest du auch ein Vogelhäuschen bauen? Dann los!

MATERIAL

VOGELFUTTERHAUS

1 leere Milchpackung (0,5 l)

Kordelband, 50 cm lang

3 dünne stabile Stöckchen

Hilfsmittel

Lineal

Stift

Brotmesser

Kleber

Lochzange
(oder spitzes Messer)

WALNUSSGLÖCKCHEN

2 Walnüsse

1 EL Kokosfett

2 Handvoll Vogelfutter

Kordelband, 30 cm lang

Hilfsmittel

kleines Küchenmesser

Handbohrer oder
dünner Nagel und Hammer

Schälchen

Löffel

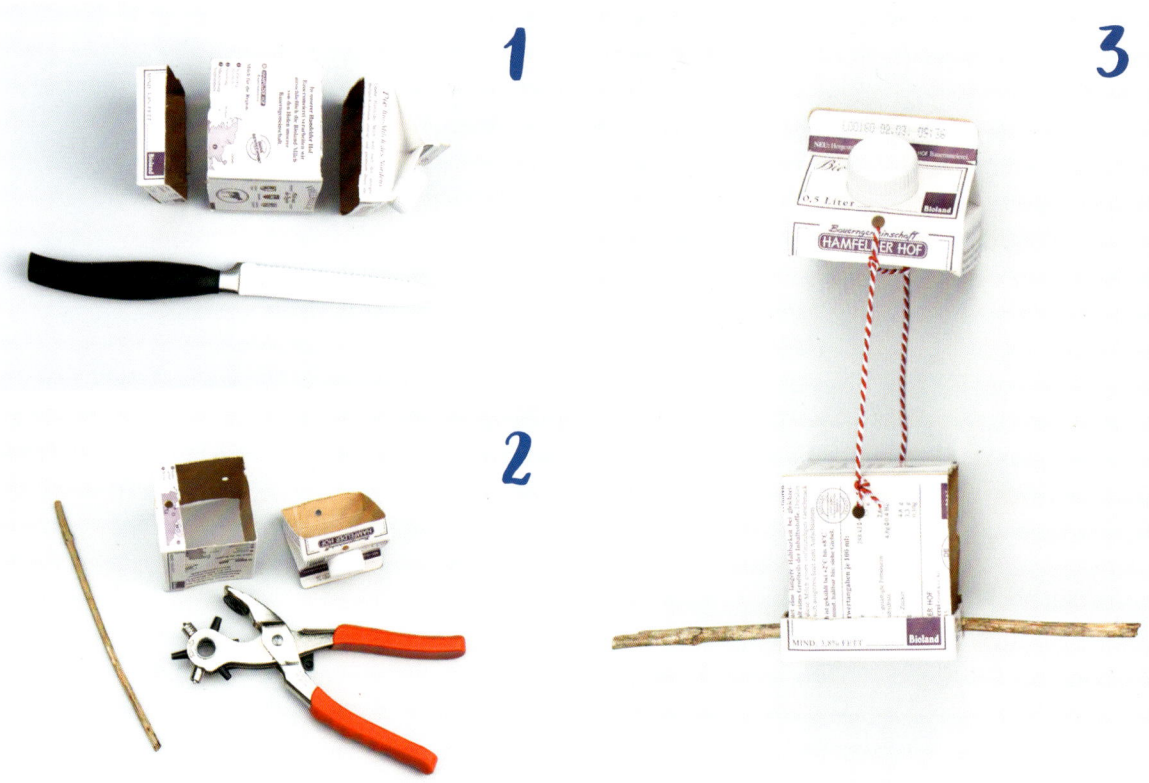

DAS VOGELFUTTERHAUS „VILLA VOGEL"

1. Zuerst misst du die Bodenbreite der Milchpackung aus. Schneide die Verpackung dann mit dem Brotmesser in drei Teile. Der mittlere Teil muss die Breite des Bodens haben. Am besten zeichnest du vor dem Schneiden die Maße an der Packung an.

2. Das Mittelstück der Milchpackung wird nun gedreht und in den Boden geklebt. Stanze dann mit der Lochzange Löcher in die Teile: beim Mittelstück mittig an beiden Seiten, etwa 1,5 cm vom oberen Rand entfernt, beim oberen Teil an beiden Seiten, etwa 1,5 cm vom unteren Rand entfernt (siehe Foto).

3. Jetzt ziehst du durch die gestanzten Löcher ein Stück Kordel und verbindest so den unteren und den oberen Teil der Milchpackung. Als Nächstes kannst du in alle drei Teile der Milchtüte zwei gegenüberliegende Löcher stanzen und jeweils ein Stöckchen durchschieben. Darauf können später die Vögel sitzen, wenn du das Häuschen draußen aufgehängt hast.

Tipp

Da dein Vogelhaus aus Pappe besteht, ist es nicht so regenfest. Häng es am besten an einer überdachten Stelle im Garten oder auf dem Balkon auf.

WALNUSSGLÖCKCHEN

1. Zuerst öffnest du vorsichtig zwei Walnüsse mit dem kleinen Küchenmesser und löst den Kern heraus. Die Nuss darfst du aufessen.

2. Bohre oder klopfe ganz vorsichtig ein Loch in jede Schalenhälfte. Hierbei lässt du dir am besten helfen!

3. Jetzt knotest du jeweils die Enden einer etwa 15 cm langen Kordel an jede Schalenhälfte. Der mittlere Teil der Kordel wird später als Aufhänger am Schraubverschluss der Milchpackung befestigt. Ebenso gehst du mit den beiden anderen Nusshälften vor.

4. Nun mischst du in einem Schälchen mit dem Löffel einen Esslöffel Kokosfett mit einer kleinen Handvoll Vogelfutter, bis eine gleichmäßige Masse entsteht. Damit kannst du die Walnusshälften befüllen.

5. Die Kordel der Nussglöckchen klemmst du im Schraubverschluss ein. Wenn sie leergefuttert sind, kannst du sie einfach neu befüllen.

6. Das restliche Vogelfutter kannst du auf den Boden deines Vogefutterhauses streuen.

Regenbiester pusten

Regenbiester sind bunt und wild – und freundlich. Sie sind groß oder klein. Manche haben Flügel, andere haben sechs Beine oder einen Rüssel. Wie sehen deine Regenbiester aus?

MATERIAL

weißes Papier

Aquarellfarben aus der Tube
(oder deinem Tuschkasten)

Hilfsmittel

Malunterlage oder alte Zeitungen

Teller oder kleine Schälchen
für die Aquarellfarben

Glas mit Wasser

Pinsel oder Medizinspritze
(wenn ihr eine im
Haus habt)

Strohhalm

schwarzer Fineliner

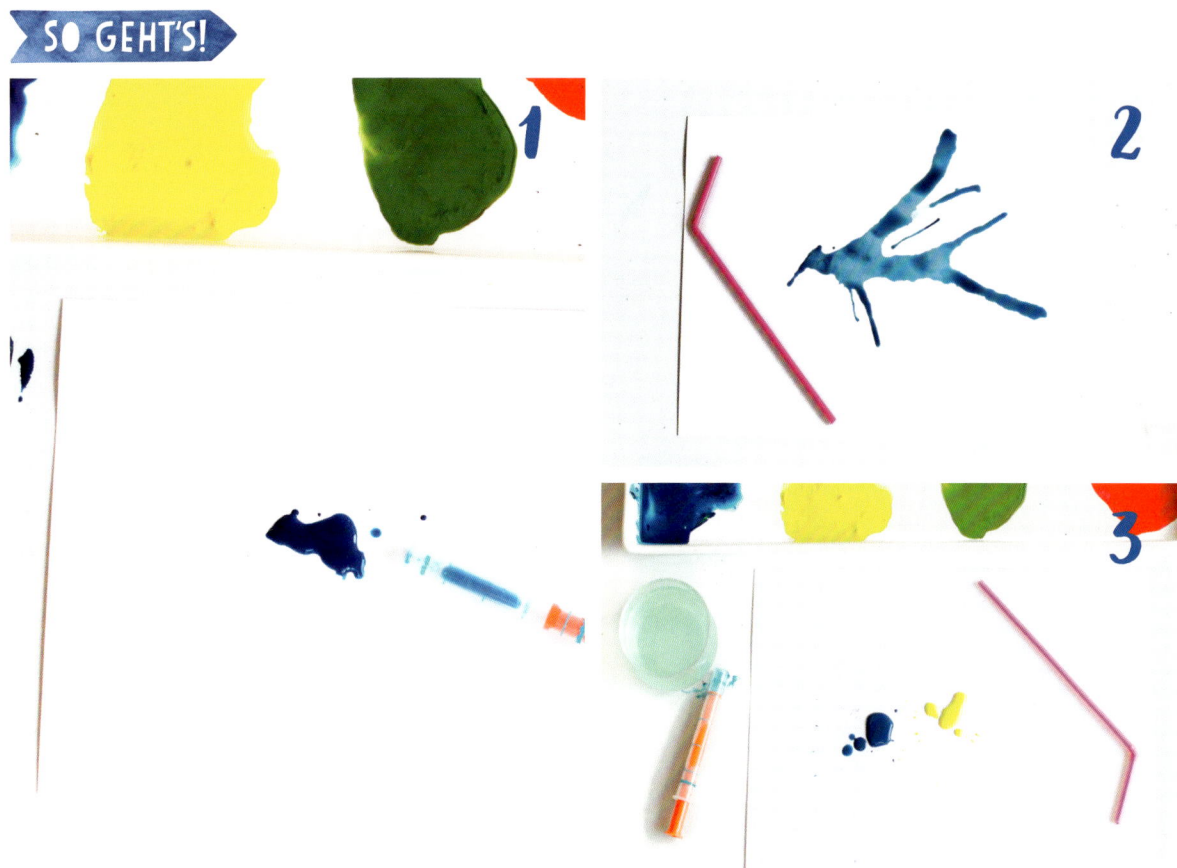

1. Bevor du anfängst, solltest du eine große Malunterlage oder alte Zeitungen ausbreiten. Dann kann's losgehen! Gib etwas Farbe auf einen Teller und füge mit dem Pinsel oder der Spritze etwas Wasser hinzu. Mithilfe der Spritze oder des Pinsels tropfst du jetzt einen Klecks Farbe auf dein Papier.

2. Jetzt wird's spannend! Puste die Farbe mit deinem Strohhalm in verschiedene Richtungen. Kannst du schon ein Regenbiest erkennen?

3. Wenn du magst, kannst du auch eine zweite Farbe hinzufügen. Oder du verwendest gleich von Anfang an zwei Farben. Drehe das Blatt vorsichtig, so kannst du die Farbe in unterschiedliche Richtungen pusten.

4. Ist dein Regenbiest fertig? Dann lässt du es gut trocknen. Anschließend darfst du mit dem Fineliner noch Augen, Zähne, Schwanz, Krallen, ein Horn oder vielleicht auch einen Rückenkamm einzeichnen. Sehen sie nicht toll aus, deine Regenbiester?

WO IST KARLI?

REGEN-

BIESTER

Mimmi & Mäuschen

Durch unseren Garten huschen manchmal kleine Mäuse – einmal hatte sich sogar eine in unser Haus verirrt! Papa hatte solche Angst, dass Mama sie schnell rausgescheucht hat. Doch diese kleinen Filzmäuse dürfen sogar mit am Frühstückstisch sitzen!

MATERIAL

Für 2 Mäuse

2 längliche Steine

Olivenseife

graue Filzwolle (etwa 20 g)

1 Stück Luftpolsterfolie, etwa
21 x 14 cm

2 Wollreste in verschiedenen
Farben

Filzreste in verschiedenen
Farben (Bastelfilz)

2 kleine Stücke Band
(z. B. Hanfband)

Hilfsmittel

Schale

etwa 1 l sehr warmes Wasser

Reibe

Schneebesen

Tablett

2 kleine Handtücher

Stoffschere

Stopfnadel

Filzkleber

2

3

4a

1. Lauf nach draußen und such dir zwei längliche Steine. Die Mäuse werden später etwas dicker als deine Steine. Du entscheidest, ob du kleine oder große Mäuse filzen möchtest. Regnet es gerade? Dann zieh deine Gummistiefel an!

2. Als Nächstes füllst du die Schale mit sehr warmem Wasser (etwa 1 l). Dann reibst du die Olivenseife, bis du etwa einen großen Teelöffel Seifenflocken in das Wasser geben kannst. Jetzt musst du so lange mit dem Schneebesen umrühren, bis sich die Seifenflocken vollständig aufgelöst haben.

3. Für zwei Mäuse brauchst du zwei schneeballgroße Stücke Filzwolle und zwei farbige Wollbänder, die etwa so lang sind wie deine Hand. Achtung! Berühre die Filzwolle nur mit trockenen Händen und lege sie beiseite. Sie darf noch nicht nass werden. Zupfe deine beiden Filzbälle in jeweils vier Stücke.

4. Jetzt geht's los! Wickle deinen Stein in das erste Stück Filzwolle ein. Zupfe den Filz dazu etwas auseinander und lege die Filzwolle von oben und unten sowie von rechts und links um den Stein, gerade so, als wolltest du ein Geschenk einpacken.

5. Ist dein Stein gut eingepackt? Dann halte ihn vorsichtig wie ein rohes Ei in deiner Hand und tauche ihn in das Seifenwasser. Du darfst die Filzwolle nicht fest drücken und deinen Stein nur ganz behutsam anfassen.

6. Wenn sich der Filz mit Seifenwasser vollgesaugt hat, legst du den nassen Filzstein auf das Tablett, trocknest deine Finger gut an deinem Handtuch ab und zupfst dein zweites Filzstück auseinander. Lege den nassen Filzstein auf deine kleine Filzdecke und packe ihn erneut ein. Anschließend darf der Stein

wieder im Seifenwasser baden. Dies wiederholst du, bis alle vier Filzstücke um den Stein gewickelt sind. Überprüfe, ob der Stein überall gleichmäßig mit Filzwolle bedeckt ist. Löcher kannst du jetzt noch mit einem kleinen Stück Filzwolle schließen.

7. Tauche den Stein erneut vorsichtig in das Seifenwasser und lege ihn auf die Luftpolsterfolie. Nimm den Stein mit der Folie in deine Hände und rolle ihn mit der Folie in deinen Händen etwa 4 Minuten lang hin und her. Zwischendurch tauchst du deinen Stein immer wieder mal in das warme Wasser.

8. Jetzt hat die Filzwolle eine „Haut" bekommen und sie ist nicht mehr so empfindlich. Nun kannst du den Stein aus der Folie nehmen und ihn zwischen deinen Handflächen weiterrollen. Denk daran, dass der Filzstein zwischendurch immer mal wieder in der Seifenlauge baden muss. Am Anfang ist die Filzhaut noch etwas zu groß für deinen Stein. Mit der Zeit schrumpft sie aber und wird fester. Dann darfst du deinen Filzstein richtig rubbeln. Sitzt der Filz fest um deinen Stein? Dann bist du fertig. Spüle ihn unter fließendem kaltem Wasser aus. Aber bitte nicht aus-

drücken! Lege deine Mäusekörper zum Trocknen auf das zweite Handtuch.

9. Nun schneidest du aus Wolle zwei Mäuseschwänze zu, die etwa so lang sind wie deine Hand. Aus Bastelfilz schneidest du zwei Paar Ohren aus.

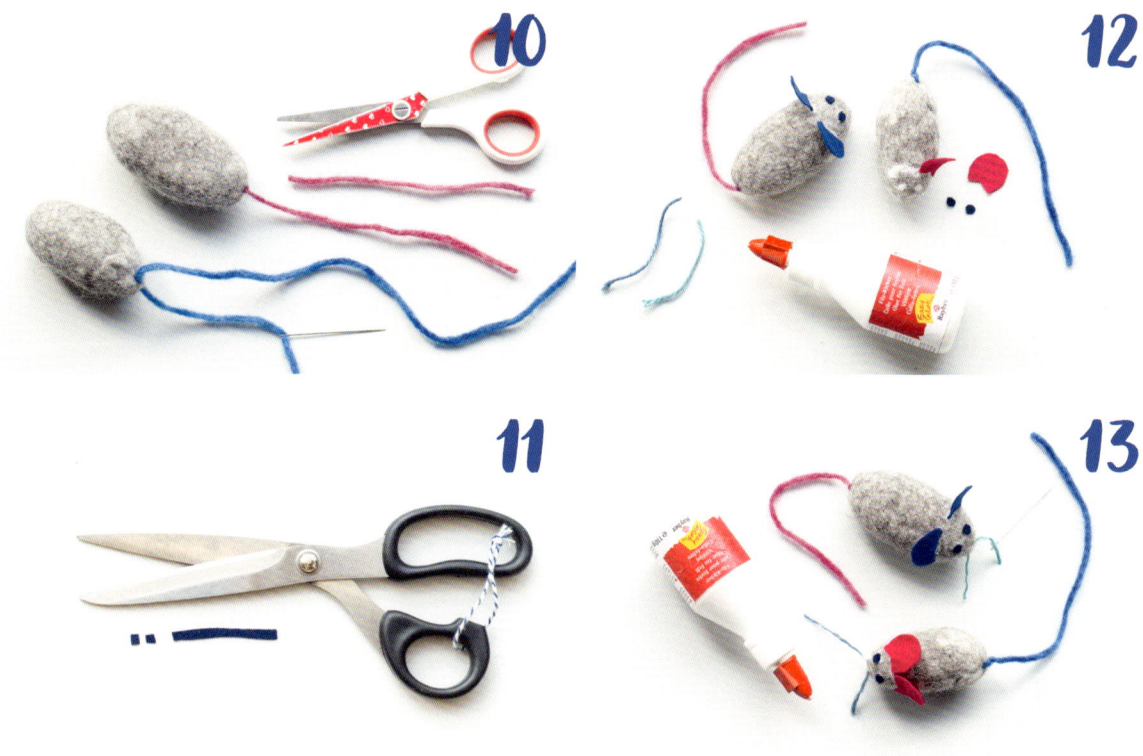

10. Fädle jetzt das Schwänzchen in die Stopfnadel und befestige es am Hinterteil der Maus. Zieh dazu das Band so durch, dass du ein langes und ein sehr kurzes Ende hast. Mach zwei Schleifenknoten übereinander und schneide das kurze Ende ab.

11. Für die Augen schneidest du von einem schmalen Filzstreifen vier kleine Stücke ab. Die Ecken der Miniquadrate rundest du ab. Lass dir dabei helfen!

12. Prüfe, in welcher Position deine Maus stabil liegt, und lege fest, wo der Kopf sein soll. Dann trägst du etwas Filzkleber auf den Körper auf und drückst

Ohren und Augen vorsichtig an. Aus Hanfband schneidest du noch zwei Schnurrhaare zu.

13. Fädle das Hanfband in die Stopfnadel ein. Ist es zu dick? Dann kannst du es teilen. Zieh die Stopfnadel mit den Schnurrhaaren vorsichtig zur Hälfte durch die Schnauze und mach mit beiden Enden einen Schleifenknoten. Dann können die Schnurrhaare nicht mehr verrutschen.

14. Deine Mäuse sind bestimmt noch etwas nass. Such ihnen ein schönes Plätzchen und lass den Filz und den Kleber gut trocknen.

Schietwetter

SPIELE

Regen, Regen, Tröpfchen ...
Wusstest du, dass Regentropfen gar
keine Tropfenform haben? Sie sind rund.
Zumindest die kleinen Tropfen bei Nieselregen.
Je nach Größe und Geschwindigkeit, mit der sie
vom Himmel fallen, verändern die Regentropfen
ihre Form. Ein normaler Regentropfen hat einen
Durchmesser von zwei bis drei Millimetern
und sieht aus wie ein winziges
Hamburgerbrötchen.

Schiffchen schieben

Eine Seefahrt, die ist lustig, eine Seefahrt, die ist schön ...
Und jetzt noch einmal Blau würfeln, dann ist dein Schiffchen
im Hafen angekommen. Ich drück dir die Daumen!

MATERIAL

1 großes weißes Blatt
Papier oder Tonpapier

Deckmalfarben (alternativ:
Wachsmalstifte oder Buntstifte)

buntes bedrucktes Papier
(z. B. Origamipapier)

Farbwürfel

Hilfsmittel

Topfdeckel

Bleistift

Becher

Pinsel

Schere

Kleber

schwarzer Filzstift

III

1. Zuerst zeichnest du mit dem Bleistift in die Mitte deines Blattes einen großen Kreis. Nimm dazu einen Topfdeckel als Schablone.

2. Von diesem Kreis aus zeichnest du strahlenförmig fünf Wege aus kleinen Kreisen auf. Jeder Weg besteht aus sechs Kreisen. Verwende den Becher als Schablone.

3. Dann malst du den großen Kreis in der Mitte blau an. Die Kreise der Wege bemalst du jeweils in einer Farbe deines Farbwürfels (Gelb, Grün, Orange, Weiß, Blau, Rot). Male die Farben bei den kleinen Kreisen bei jedem Weg in einer anderen Reihenfolge auf.

4. Jetzt muss dein Spielplan trocknen. In der Zwischenzeit faltest du aus deinem bunten Papier kleine Schiffchen. Dabei kannst du dir helfen lassen.

5. Wenn der Spielplan getrocknet ist, zeichnest du mit dem schwarzen Filzstift in den letzten Kreis ein Boot. Dieses Feld ist der Hafen (das Ziel).

Tipp
Deine Schiffchen kannst du mit kleinen Papierfähnchen verschönern.

DAS SPIEL

1. Jeder Spieler setzt zu Beginn ein Schiffchen oder eine kleine Schiffchenflotte in den großen Kreis, also in das Meer. Alle haben dieselbe Anzahl von Schiffchen. Der jüngste Spieler darf beginnen und würfelt mit dem Farbwürfel. Erscheint die Farbe Rot, so wählt er die Wasserstraße, die mit der Farbe Rot beginnt, und darf sein Schiffchen auf das rote Feld schieben. Diese Wasserstraße ist nun besetzt und darf von keinem anderen Spieler befahren werden.

2. Im Uhrzeigersinn ist der nächste Spieler an der Reihe. Er würfelt und sucht sich ebenfalls eine Wasserstraße aus. Würfelt er zum Beispiel Blau und keine der Wasserstraßen beginnt mit dieser Farbe oder diese Wasserstraße ist schon besetzt, kann er nichts machen, und der nächste Spieler ist an der Reihe.

3. Ein Spieler darf für die gesamte Spieldauer nur auf seiner eigenen Wasserstraße fahren. Er kann aber jederzeit mit neuen Schiffchen nachrücken. Es dürfen mehrere Schiffe eines Spielers gleichzeitig auf einer Wasserstraße fahren.

4. Wer sein Schiffchen oder seine Flotte zuerst ins Ziel, in den Hafen, gebracht hat, hat gewonnen.

Tipp

Möchtest du dein Spiel mit Meerestieren verschönern? Auf den Seiten 164 und 165 findest du Schablonen zum Ausschneiden und Anmalen.

Aufräumen, fertig, los!

Aufräumen ist richtig langweilig? Dann versucht es doch
mal mit einem Aufräumknäuel. Dann machen bestimmt
alle freiwillig mit. Sogar Mama und Papa!

buntes Papier

1 Knäuel Paketband

einige kleine Überraschungen:
Süßigkeiten, bunte Federn,
Haarschmuck, Aufkleber oder andere
kleine Überraschungen

Kordelband

Washi Tape

Hilfsmittel

Schere

Locher

Stift

1. Zuerst schneidest du aus dem Buntpapier kleine Etiketten aus und lochst sie. Schreibt gemeinsam ein paar lustige Aufgaben oder Rätsel darauf.

2. Suche mit Mama oder Papa ein paar Kleinigkeiten zusammen, die du in deinem Aufräumknäuel verstecken kannst. Jetzt geht's los. Wickle und knote alle Schätze, Zettel und Süßigkeiten in das Paketband, sodass am Ende ein Aufräumknäuel entsteht. Zwi-

schen den einzelnen Schätzen lässt du immer genügend Abstand. Die kleinen Zettel kannst du mit einer Kordel am Paketband festknoten. Manche Schätze lassen sich auch mit etwas Washi Tape befestigen. Du kannst aber auch Dinge einfach einwickeln. Wichtig ist nur, dass im Paketband genügend Abstand zum nächsten Schatz ist. Schön ist es, wenn sich Zettel und Überraschungen abwechseln.

DAS SPIEL

1. Gestaltet gemeinsam ein Aufräumknäuel oder ihr wickelt ein Aufräumknäuel für eine andere Person, vielleicht als Überraschung.

2. Es wird eine Aufräumaufgabe besprochen, z. B.: Ich räume mein Bücherregal auf. Wurde diese Aufgabe erledigt, so darf das erste Stück Band vom Knäuel an der Stelle abgeschnitten werden, an der sich die erste Überraschung befindet.

3. Jetzt wird eine zweite Aufgabe besprochen, die nach Erledigung ebenfalls mit einer Überraschung aus dem Aufräumknäuel belohnt wird.

4. Natürlich darf das Aufräumknäuel von allen genutzt werden, zusammen aufraumen macht sowieso am meisten Spaß!

5. Und in der Mitte des Knäuels befindet sich vielleicht eine Familienüberraschung, z. B.: Wir fahren ins Schwimmbad, wir machen ein Picknick ...

6. Du musst das Aufräumknäuel nicht an einem Tag aufbrauchen. Wenn es sehr dick ist, kannst du es immer wieder mal rausholen. Besonders, wenn unbeliebte Aufgaben anstehen.

Regenbogensuche

Am Ende eines Regenbogens liegt ein Schatz. Wusstest du das?
Bei diesem Spiel bekommst du einen Schatz, wenn du alle
Farben des Regenbogens gefunden hast.

MATERIAL

Blanko-Memory-Karten (6 x 6 cm)

Stifte: Buntstifte, Aquarellstifte, Wachsmalstifte oder Deckfarben

festes weißes Papier

Schätze zum Gewinnen wie Murmeln,
Muggelsteine, Perlen, Münzen,
Gummibärchen

Hilfsmittel

Schere

kleine Schale

Tipp

Du kannst die
Memory-Karten
auch selbst aus
festem Tonkarton
schneiden.

1. Bemale für jeden Mitspieler jeweils sieben Kärtchen in den Farben Lila, Dunkelblau, Hellblau, Hellgrün, Gelb, Orange und Rot.

2. Als Nächstes malst du für jeden Mitspieler auf das weiße Papier einen Regenbogen. Achte auf die Farbfolge des Regenbogens: Innen beginnt er mit Lila, es

folgen Dunkelblau, Hellblau, Hellgrün, Gelb und Orange, außen liegt dann noch die Farbe Rot. Schneide den Regenbogen aus.

3. Dann nimmst du dir das Schälchen und legst ein paar Schätze hinein. Und schon könnt ihr mit dem Spiel beginnen!

DAS SPIEL

1. Für jeden Spieler benötigt ihr sieben Kärtchen in den Farben Lila, Dunkelblau, Hellblau, Hellgrün, Gelb, Orange und Rot. Für drei Spieler werden also insgesamt 21 Kärtchen gemischt und verdeckt aufgelegt.

2. Jeder Spieler hat einen auf Papier gemalten, ausgeschnittenen Regenbogen vor sich liegen.

3. Ziel des Spiels ist es, alle Farben des Regenbogens in Form von Farbkärtchen zu sammeln. Die Reihenfolge der zu sammelnden Karten richtet sich nach den Farben des Regenbogens: 1. Lila, 2. Dunkelblau, 3. Hellblau, 4. Hellgrün, 5. Gelb, 6. Orange, 7. Rot.

4. Der jüngste Spieler darf beginnen und deckt eines der Kärtchen auf. Ist es ein lilafarbenes Kärtchen, so

darf er es behalten und vor sich hinlegen. Er darf dann auch nochmals ein Kärtchen aufdecken. Ist es eine andere Farbe, so muss er diese wieder umgedreht zurücklegen, und der nächste Spieler ist an der Reihe.

5. Wer zuerst mit sieben Kärtchen den Regenbogen vervollständig hat, ist Sieger und wird belohnt.

6. Der erste Spieler erhält zwei Schätze, alle folgenden erhalten einen Schatz, sobald die Farbkärtchen vollständig sind.

7. Wollt ihr das Spiel noch etwas schwieriger gestalten? Dann baut doch einfach ein paar Nieten mit ein (weiße Kärtchen).

Schiefer Schietwetterturm

Möchtest du heute bestimmen, was es zum Abendessen gibt und welche Geschichte Papa heute vorliest? Dann musst du jetzt beim Schietwetterspiel Wunschpunkte sammeln! Viel Glück!

1 Satz eckige weiße
Schachteln

Kreidefarben
(alternativ Deckmalfarben)

schwarzes Tonpapier

1 Tennisball

1 Schminkstift

kleine Gegenstände zum
Verstecken wie Muggelstein,
kleine Figur, Tier oder Münze

Hilfsmittel

Bleistift

Schere

Kleber

1. Bedrucke jede Schachtel in einer Farbe. Dein Finger ist dein Stempel. Pass auf, dass du deine frischen Fingerabdrücke nicht verschmierst. Bevor du eine neue Farbe verwendest, wäschst du dir gründlich deinen Finger. Sind alle Schachteln bedruckt? Dann musst du nur noch die Farbe gut trocknen lassen.

2. Möchtest du auf deine Schachteln auch ein Wort oder Zahlen schreiben? Dann zeichne gemeinsam mit einem Helfer Zahlen oder die Buchstaben eines Wortes auf das schwarze Tonpapier und schneidet sie aus. Achte darauf, dass die Buchstaben in der Größe zu den Schachteln passen, bevor du sie aufklebst.

DIE SPIELE

Turmbauen

1. Einen Turm bauen.

2. Den Turm aus einiger Entfernung mit einem Tennisball umkullern.

Dinge suchen

1. Dazu braucht ihr einen kleinen Gegenstand, z. B. den Deckel einer Flasche, einen Muggelstein, eine kleine Figur, ein Tier oder eine Münze.

2. Ein Spieler versteckt den Gegenstand unter einer der Schachteln. Die Schachteln können dabei auch zu einem Turm verbaut werden oder einfach nebeneinanderstehen.

3. Der oder die Mitspieler dürfen nun raten, wo sich der Gegenstand versteckt. Die Raterunde geht im Uhrzeigersinn reihum: Ist die Münze unter der gelb gepunkteten Schachtel? Ist die Maus unter der Schachtel mit dem R? ...

4. Hat ein Spieler den Gegenstand gefunden, so erhält er einen Wunschpunkt im Gesicht. Dieser wird ihm mit dem Schminkstift aufgemalt. Außerdem ist er als Nächster dran, den Gegenstand zu verstecken.

5. Wer am Ende des Spieles die meisten Wunschpunkte gesammelt hat, hat gewonnen und darf bestimmen, was als Nächstes gespielt wird, was es zum Abendessen gibt oder welche Geschichte vorgelesen werden soll ... Ihr habt sicherlich noch mehr Ideen!

Prinzessin auf der Erbse

Kennst du die Geschichte von der Prinzessin auf der Erbse?
Die kleine Prinzessin schläft sehr schlecht, weil sich irgendwo in
ihrem Matratzenstapel-Bett eine winzig kleine Erbse versteckt. Deine
Prinzessin liegt sogar auf mehreren Erbsen. Nun musst du nur noch
herausfinden, wo sie versteckt sind.

MATERIAL

24 große
Streichholzschachteln

bunt bedrucktes Papier,
z. B. Origamipapier

2 Spielfiguren aus Holz

Acryl- oder Kreidefarbe in
Rot und Weiß

Stoffreste

Wolle, Filzwolle oder Lametta
als Haare für die Prinzessin

1 kurzes Stück hübsches Band,
z. B. mit Spitze

Goldpapier oder ein alter
Ring für die Krone

12 getrocknete Erbsen

Hilfsmittel

Schere

Papierkleber

Pappteller

Pinsel

Alleskleber

1. Teile die Streichholzschachteln auf zwei Stapel auf und beklebe jeweils elf Schachteln eines Stapels mit unterschiedlich bedrucktem Papier. Wichtig: Jede Schachtel in einem Stapel soll anders aussehen.

2. Für deine beiden Prinzessinnen brauchst du zwei Spielfiguren. Mische dir aus weißer und einem winzigem Tropfen roter Farbe einen ganz hellen Rosaton auf dem Pappteller an und male beide Kegel damit an. Lass die Farbe gut trocknen.

3. Aus den beiden übrigen Schachteln bastelst du in der Zwischenzeit zwei kleine Betten. Dafür brauchst du nur den inneren Teil der Schachtel. Schneide aus

Stoffresten kleine Laken, Decken und Kopfkissen zu und lege sie in beide Bettchen.

4. Wenn die Farbe auf den Spielfiguren trocken ist, darfst du deine beiden Prinzessinnen anziehen. Schneide aus den Stoffresten ein kleines Stück aus, das du als Kleid um die Figur klebst. Klebe deiner Prinzessin aus Wolle, Lametta oder Filzwolle Haare auf. Mit Bändern kannst du ihr auch Zöpfe binden.

5. Wenn du magst, verzierst du die Kleider mit einem hübschen Band und bastelst eine Krone aus Goldpapier. Oder du bastelst aus einem alten Ring eine Krone oder Schmuck für deine Prinzessin.

DAS SPIEL (FÜR 2 SPIELER)

1. Jeder Spieler erhält eine Prinzessin auf der Erbse, die auf ihrem Matratzenstapel-Bett (Streichholzschachteln) sitzt. Außerdem bekommen beide Spieler jeweils sechs getrocknete Erbsen.

2. Jeder Spieler versteckt zu Spielbeginn alle Erbsen in seinen Schachteln. In eine Matratze legt er drei Erbsen, in eine weitere zwei und in eine dritte eine Erbse. Der Mitspieler schließt so lange die Augen. Anschließend versteckt auch er seine sechs Erbsen. Merke dir gut, wie viele Erbsen du wo versteckt hast.

3. Jetzt geht's los! Der jüngere Spieler beginnt und fragt: „Sind deine drei Erbsen in der blau karierten

Matratze?" oder „Ist eine Erbse in der gelb geblümten Matratze?" oder „Sind deine zwei Erbsen in der untersten Matratze?".

4. Hast du richtig erraten, wo sich die Erbsen verstecken? Dann bekommst du die Erbsen deines Mitspielers und legst sie beiseite. Außerdem darfst du erneut raten.

5. Hattest du falsch geraten? Dann ist jetzt dein Mitspieler mit Raten an der Reihe.

6. Gewonnen hat, wer zuerst alle sechs Erbsen seines Mitspielers gefunden hat.

Fang den Fuchs

„Fang den Fuchs" ist ein schönes Spiel für deinen Kindergeburtstag,
bei dem jeder seine eigene kleine Piñata bekommt, aus der am Ende
eine Überraschungstüte plumpst, wenn du den Fuchs erwischt hast.
Hier braucht ihr euch nicht um die Bonbons zu streiten.

MATERIAL

Für 4 Füchse

8 Pappteller

Acrylfarbe oder Sprühfarbe
in Orange

schwarzes Tonpapier

4 bedruckte Papiertüten

Süßigkeiten und kleine
Überraschungen
wie Luftballons oder Flummis
zum Befüllen der Tüten

4 Kordelbänder,
etwa 40 cm lang

Paketband

1 stabiler Stock

Hilfsmittel

alte Zeitungen als Unterlage

Pinsel

1-Euro-Münze

Bleistift

Schere

Holzspieß oder Zahnstocher

Heftgerät

Papierkleber

Info

Das Wort Piñata bedeutet so
viel wie „zerbrechlicher Topf",
denn ursprünglich waren Piñatas
aus Ton. Heute sind es meistens
bunte Figuren aus Pappmaché,
die mit Süßigkeiten gefüllt
sind und mit dem Stock
zerschlagen werden.

1 Male die Pappteller auf der Oberseite in Orange an. Lass die Farbe gut trocknen.

2. Dann nimmst du die 1-Euro-Münze als Schablone und zeichnest mit dem Bleistift auf das schwarze Tonpapier 24 Kreise auf. Du brauchst die Kreise als Nasen und Augen der Füchse. Für eine Fuchs-Piñata benötigst du insgesamt sechs Kreise. Schneide außerdem 16 schmale Streifen als Schnurrhaare aus.

3. Jetzt füllst du die Tüten mit Süßigkeiten und kleinen Überraschungen. Du verschließt die Tüten, indem du den Rand einmal umklappst. Pikse mit einem Holspieß oder Zahnstocher oben mittig ein Loch in die Tüten und zieh ein Kordelband durch.

4. Ist die Farbe auf den Papptellern getrocknet? Dann darfst du jetzt deine Füchse basteln. Falte die rechte und linke untere Tellerseite so um, dass eine Fuchs-schnauze entsteht. Befestige zusammen mit einem Helfer mit dem Heftgerät zwei Schnurrhaare und die Nase. Oben schneidest du in der Mitte zwischen den beiden Ohren ein Dreieck aus. Anschließend schneidest du rechts und links neben den Ohren den Teller zurecht (siehe Abbildung). Dann klebst du die beiden Augen auf.

5. Jetzt befestigst du eine befüllte Tüte mit Kordel zwischen zwei Fuchsgesichtern: Lege zunächst das Kordelband zwischen die Fuchsgesichter. Hefte nun beide Gesichter in Höhe der Augen rechts und links neben der Kordel zusammen. Nach dem Heften ziehst du die Tüte nach oben.

DAS SPIEL

1. Zum Spielen hängt ihr jeweils eine Fuchs-Piñata auf. Draußen könnt ihr die Piñata an einen Ast hängen, drinnen könnt ihr die Schnur über einen Deckenhaken laufen lassen. Knotet dazu das Kordelband eines Fuchses an das Ende des Paketbands.

2. Möchtest du anfangen? Dann schließt du deine Augen und versuchst, den Fuchs mit deinem Stock zu treffen. Das ist gar nicht so einfach, besonders, weil er mal ganz oben und mal ganz unten hängt. Mama oder Papa ziehen nämlich an der Schnur.

3. Alle anderen Kinder dürfen Tipps geben: Weiter oben, weiter unten, rechts, links …

4. Ist das zu schwer für dich? Dann lass einfach deine Augen auf. Das ist auch in Ordnung.

5. Wenn die Tüte aus deinem Fuchs plumpst, dann hast du ihn gut getroffen. Die Überraschungstüte gehört dir und das nächste Kind ist an der Reihe.

Kleine Schatzsuche

Es regnet mal wieder so richtig und man kann einfach nicht rausgehen. Und dir ist sooo langweilig! In diesem Fall sind ein bisschen Sand und ein kleiner vergrabener Schatz genau das Richtige für dich! Du wirst schon sehen!

MATERIAL

Du kannst deinen Zaubersand mit Sand oder Mehl zubereiten. Suche dir ein Rezept aus.

WEISSER ZAUBERSAND

8 Becher Mehl

1 Becher Babyöl

Hilfsmittel

Schale

Becher

alter Kochlöffel

BRAUNER ZAUBERSAND

1 Sack Vogelsand, 2,5 kg

3 Becher Speisestärke (Maisstärke)

1 Becher Wasser

1 EL Babyöl

Hilfsmittel

große Schale

Haarsieb

Becher

alter Kochlöffel

FÜR DAS SPIEL

1 große Auflaufform

Murmeln oder Muggelsteine

1 kleines Zahnstocherfähnchen

1 Glas

1 Teelöffel

WEIßER ZAUBERSAND

Gib das Mehl und das Babyöl in deine Schale und knete die Zutaten gut durch.

BRAUNER ZAUBERSAND

Siebe den Vogelsand mit dem Haarsieb in die Schale. Es bleiben einige Steinchen im Sieb. Die kannst du in den Garten oder in deine Sandkiste bringen. Siebe auch die Speisestärke und gib anschließend Wasser und Babyöl hinzu. Vermenge alle Zutaten gut miteinander.

Tipp

Das Fähnchen kannst du aus einem Zahnstocher und einem kleinen Stück hübsch bedruckten Papier leicht selber basteln.

DAS SPIEL (FÜR 2 BIS 4 SPIELER)

1. Fülle den Zaubersand in eine flache Schale, z. B. in eine Auflaufform. Suche dir drei Schätze (Muggelsteine oder Murmeln) und einen Mitspieler. Nun hältst du dir deine Augen zu, während dein Mitspieler alle Schätze im Sand versteckt. Anschließend streicht er den Sand wieder schön glatt und du darfst die Augen wieder öffnen. Es darf natürlich auch jeder Spieler seine eigene Sandschale einrichten.

2. Wo könnte ein Schatz versteckt sein? Nimm dein Fähnchen und stecke es dort in den Sand, wo du den Schatz vermutest. Anschließend nimmst du dir dein Glas und stülpst es über das Fähnchen. Drücke es leicht in den Sand und stelle es wieder beiseite.

3. Siehst du den markierten Kreis? Hier darfst du jetzt buddeln. Lege das Fähnchen beiseite und grabe mit dem Löffel nach einem Schatz. Du darfst aber nur im markierten Bereich suchen!

4. Hast du einen Schatz gefunden? Dann gehört er dir. Hast du keinen Schatz gefunden? Dann hast du zwei weitere Versuche (bei zwei Spielern) oder der nächste Mitspieler ist an der Reihe. Sind alle Schätze gefunden? Dann darf ein anderer Mitspieler drei neue Schätze verstecken. Wer am Ende die meisten Schätze ausgebuddelt hat, ist der Gewinner.

137

Raus in den
REGEN

Schnecken lieben Regen! Schnecken
sind nachtaktiv, sie versuchen, die Sonne
zu meiden, da sie ihren feuchten Körper
austrocknen würde. Bei Regenwetter kannst du
sie aber auch tagsüber antreffen. Auf nassem
Boden kann die Schnecke sich am besten
fortbewegen. Beim Kriechen hinterlässt sie
eine Schleimspur, die den Schneckenkörper
vor rauem Untergrund schützt.

Tropfen-Zähler

Seit Tagen regnet es. Aber wie viel Regen ist in der letzten Woche eigentlich vom Himmel gefallen? Mit deinem Tropfen-Zähler kannst du das leicht herausfinden. Heute wirst du zum Regenforscher!

MATERIAL

1 Glas mit Schraubdeckel

1 PET-Flasche

Porzellanfarbe oder
Porzellan-Pinselstifte

1 Porzellanstift in Schwarz

1 Stück Seil zum Dekorieren

Hilfsmittel

wasserfester Stift

scharfes Messer

Pinsel

Lineal

Klebepistole

Info

Wenn sich in deinem Glas 1 cm Regenwasser gesammelt hat (10 mm), dann hat es 10 l pro m² geregnet. Steht das Regenwasser bei 2 cm (20 mm), so hat es 20 l pro m² geregnet. Klingt das kompliziert? Mama oder Papa helfen dir bestimmt beim Ausrechnen.

1. Stecke zuerst die PET-Flasche mit der Deckelseite in das aufgeschraubte Glas. Dann markierst du mit einem wasserfesten Stift ringsherum, wo die Flasche mit dem Glas abschließt. Nun bittest du einen Helfer, mit dem Messer die Flasche an der Markierung abzuschneiden.

2. Jetzt darfst du dein Glas rundherum beliebig mit Porzellanfarben bemalen. Lass dabei einen etwa 3 cm breiten Streifen für deine Messskala frei. Du kannst zum Beispiel Pflanzen, Fischchen, Wassertropfen oder einfach nur ein hübsches Muster malen. Dann zeichnest du mit dem schwarzen Porzellanstift die Messskala auf das Glas: Lege dazu das Lineal an das Glas und markiere im Abstand von jeweils 1 cm eine Skala. Gemeinsam mit deinem Helfer kannst du nun die Zahlen an deine Skala schreiben.

3. Nach dem Malen fixierst du die Farbe nach Anweisung des Herstellers im Backofen.

4. Klebe das Seil zusammen mit deinem Helfer mithilfe der Heißklebepistole um den äußeren Glasrand. Gehe hier Stück für Stück vor, da der Kleber schnell trocknet. Jetzt schraubst du den Deckel von deinem Flaschenhals ab und drückst ihn leicht in das Glas. Den Trichter klebst du nicht fest, damit du das Glas wieder ausleeren und reinigen kannst.

Fertig? Dann geht's jetzt raus in den Regen! Zieh dich wetterfest an und nimm deinen Regenmesser mit nach draußen. Stelle ihn an einen Ort, an dem du ihn gut im Auge hast.

Tipp

Du kannst auf dein Glas auch gleich die mm- beziehungsweise ml-Zahlen schreiben (also 10, 20, 30 …), so musst du gar nicht mehr umrechnen!

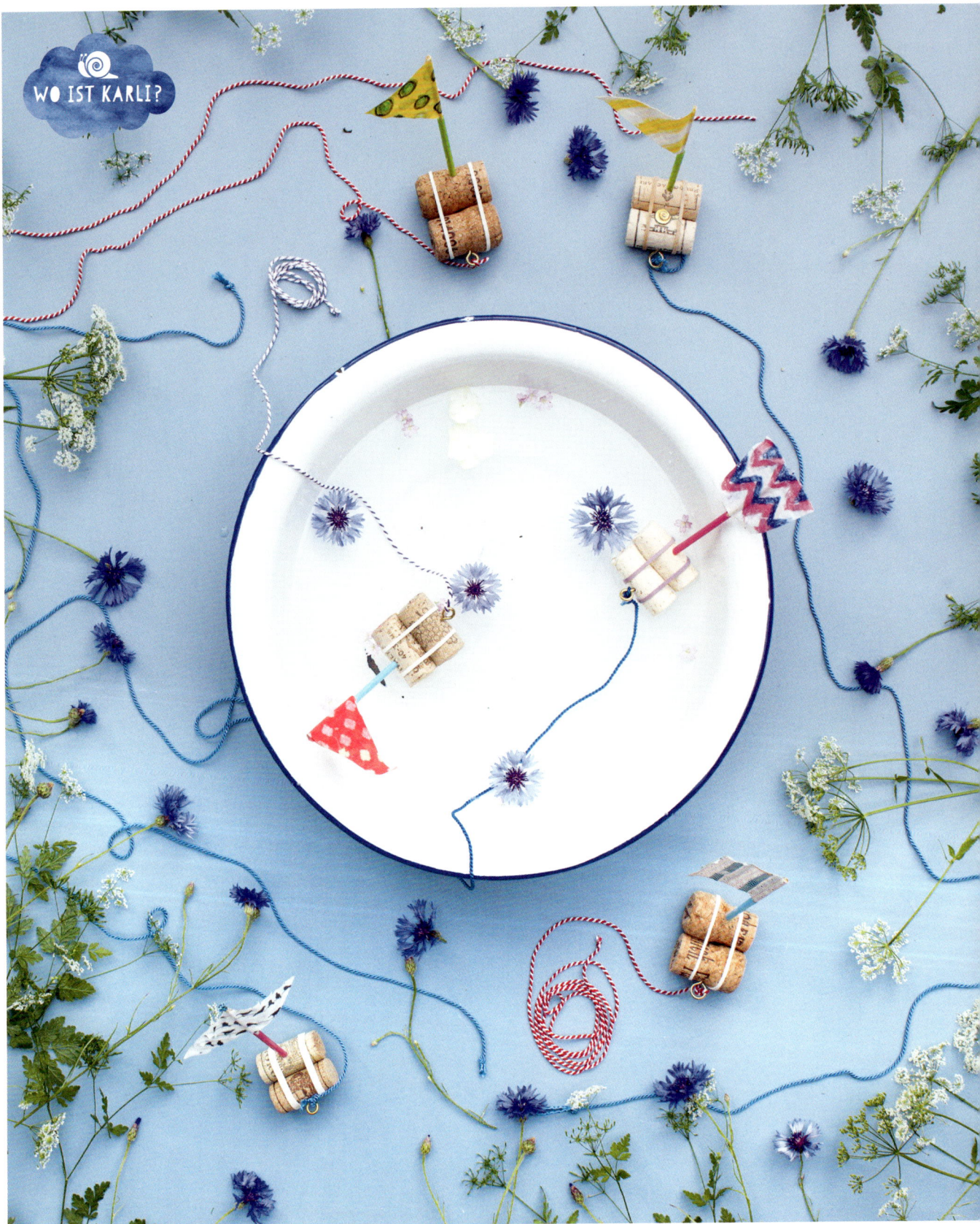

Pfützensegler

Diese kleinen Pfützensegler aus Korken und Kordel sind
ruck, zuck gebastelt und sie schwimmen in der Badewanne und im
See genauso gut wie in jeder Pfütze. Verziere die Schiffchen noch
mit einem farbigen Segel, dann können sie um die Wette segeln.

Für 1 Pfützensegler

Butterbrotpapier

Wachsmalstifte oder
Washi Tape

1 Holzspieß

1 Strohhalm

2 Sekt- oder Weinkorken

1 Gummiband

1 kleine Schraub-Öse

Kordelband, etwa 1 m lang

Hilfsmittel

Schere

Messer

Kleber

1 Zuerst malst du mit den Wachsmalstiften Muster für deine Segel auf das Butterbrotpapier. Du kannst aber auch einfach Washi Tape in Streifen aufkleben.

2. Dann schneidest du mit der Schere Segel aus. Die Segel können dreieckig oder rechteckig sein. Nun lässt du dir helfen: Brich oder schneide einen Holzspieß in der Mitte durch. Um das stumpfe oder gebrochene Ende klebt ihr dein Segel. Um den unteren Teil schiebst du ein Stück Strohhalm.

3. Dann legst du zwei ähnlich große Korken nebeneinander und wickelst darum ein Gummiband, wie in der Abbildung gezeigt. Anschließend schraubst du eine Schraub-Öse in eine Seite deines Seglers und knotest das Kordelband an ihr fest. Das Segel steckst du auf der gegenüberliegenden Seite in den Korken.

Fertig? Dann zieh ganz schnell deine Regenjacke an und lass deine Segler zusammen mit deinen Freunden in einer großen Pfütze schwimmen.

Regen-mal-mal-Bild

Hast du schon einmal mit dem Regen ein Bild gemalt?
Zusammen seid ihr ein richtig tolles Künstler-Team! Und du wirst
staunen, bei Nieselregen malt ihr ganz andere Bilder als bei
Dauerregen. Probier's mal aus!

MATERIAL

festes weißes Papier

Aquarellstifte

1 Leinwand oder 1 Blatt festes Papier
zum Aufkleben der Farbkreise

Hilfsmittel

Zirkel

Schere

Tablett

Kleber

Tipp

Wenn es nicht regnet
und du trotzdem dieses Bild
malen willst, spielst du einfach
selbst Regen. Nimm dazu eine alte
Zahnbürste und ein Glas mit Wasser
und spritze die Kreise nass. Fahre
dazu einfach mit den Fingern
über die Borsten und lass es
schön regnen.

1. Zeichne mit dem Zirkel Kreise in verschiedenen Größen auf dein Papier und male sie mit den Aquarellstiften an. Du kannst beim Anmalen auch zwei ähnliche Farben miteinander mischen. Wenn du über die Kreise hinausmalst, macht das gar nichts! Du schneidest die Kreise nämlich anschließend aus. Dabei kannst du dir helfen lassen!

2. Lege alle angemalten, ausgeschnittenen Kreise auf ein Tablett und zieh dich wetterfest an. Nun geht's eine Runde in den Regen. Draußen lässt du den Regen auf deine Kreise tropfen. Sind deine Kreise etwas nass geworden, bringst du sie wieder nach drinnen. Wenn es nur nieselt und kleine Tröpfchen auf die Kreise fallen, sieht das besonders hübsch aus. Du kannst mit deinen Kreisen auch drucken, wenn sie noch nass sind. Dafür legst du sie einfach vorsichtig mit der bemalten nassen Seite auf ein Blatt Papier. Siehst du das hübsche Sprenkelmuster?

3. Wenn alle Kreise trocken sind, darfst du sie auf eine Leinwand oder ein festes Papier kleben.

Tipp

Wenn du keine Lust hast, im Regen zu stehen, stell das Tablett einfach kurz vor die Tür und beobachte, was passiert.

Matschbomben

Heute ist Matschen nicht nur erlaubt, sondern erwünscht! Und wenn du Kapuzinerkresse- und Sonnenblumensamen in deiner Matschbombe versteckst, hat Mama ganz bestimmt nichts gegen deine schwarzen Fingernägel.

für 2 Matschbomben

1 Handvoll Komposterde

1 Handvoll Blumenerde

2 Handvoll Lehm

ein paar Blumensamen,
z. B. rankende Kapuzinerkresse,
Sonnenblume, Ringelblume,
Stockrose, Lupine

kleine Blümchen zum Verzieren

Hilfsmittel

2 Eimer

Tipp

Hast du keinen Lehm? Dann nimm etwas mehr Erde und füge eine halbe Handvoll Ton hinzu.

1. Zieh dich wetterfest an. Deine Blumenbomben stellst du nämlich im Regen her. Nimm einen Eimer und fang etwas Regenwasser auf.

2. Dann füllst du in den zweiten Eimer eine Handvoll Komposterde, eine Handvoll Blumenerde und zwei Hände voll Lehm und gibst etwas Regenwasser dazu. Knete den Matsch gut durch. Anschließend formst du daraus zwei schöne runde Kugeln.

3. Jetzt drückst du in jede Kugel etwa acht Blumensamen. Wenn du möchtest, kannst du noch kleine Blümchen in deine Kugeln drücken, um sie zu verzieren. Fertig?

Dann darfst du deine Kugeln gleich ins Beet werfen, oder du verschenkst sie an Mama, Papa, Oma, Opa oder deine Nachbarn. Über eine so originelle Blumenüberraschung freut sich doch jeder!

Regenkreide

Hast du schon einmal etwas von „Zuckerkreide" gehört?
Du wirst staunen, wie schön die Farben nach dem Trocknen
leuchten! Mit dieser Kreide verschönerst du deinen Lieblingsbaum
oder du malst auf schwarzes Tonpapier ein tolles Bild.

MATERIAL

1 Becher Zucker

2 Becher Wasser

bunte und weiße Tafelkreide
oder Straßenkreide

1 Baum mit glatter Rinde
oder schwarzes Tonpapier als
Malgrund

Hilfsmittel

1 kleine Auflaufform

Schale

Sieb

alte Zeitungen oder Pappe

1. Zu Beginn füllst du einen Becher Zucker und zwei Becher Wasser in deine Auflaufform. Dann brichst du die großen Kreidestücke in der Mitte durch und legst sie in die Schale.

2. Jetzt geht's raus in den Regen. Zieh dich wetterfest an und nimm das Zuckerwasser und die Kreide mit nach draußen.

3. Stelle die Form mit dem Zuckerwasser einfach in den Regen. Das Zuckerwasser rührst du mit deinen Fingern um. Hat sich der Zucker schon aufgelöst? Dann darfst du die Kreidestücke in das Wasser geben. Die Kreide fängt nun an zu sprudeln und sinkt langsam auf den Boden. Lass das Zuckerwasser für einige Minuten in die Kreide einziehen. In der Zwischenzeit kannst du dir einen Baum suchen. Er sollte einen dicken Stamm mit glatter Rinde haben (z. B. eine Buche), denn gleich darfst du den Stamm bemalen. Wenn du lieber drinnen arbeiten möchtest, malst du auf schwarzem Tonpapier.

4. Hast du genug für heute? Dann kippst du das Zuckerwasser mit der Kreide über dem Ausguß in ein Sieb und spülst die Kreiden mit kaltem Wasser gut ab. Anschließend kannst du die Kreidestücke auf einer alten Zeitung oder auf Pappe zum Trocknen auflegen. Die trockenen Kreidereste bewahrst du auf, bis du wieder Lust auf Regenkreide hast. Wie's geht, weißt du ja nun!

Regenwetterkönig

Durch den Regen laufen und nasse Blätter sammeln macht Spaß!
Mit den nassen Blättern zu drucken noch viel mehr! Probiere es
gleich beim nächsten Regentag aus. Übrigens, zusammen mit
deinen Freunden wird es noch lustiger.

MATERIAL

regennasse Blätter

Aquarellfarben oder
Deckmalfarben

Deckweiß

festes weißes Papier

Schablone von Seite 172

eventuell einen Bilderrahmen
und doppelseitiges
Klebeband

Hilfsmittel

Schere

Pinsel

Glas mit Wasser

Papierkleber

Tipp

Du kannst mit
dieser Technik auch
sehr gut Karten
und Briefpapier
bedrucken.

1. Bereite deinen Arbeitsplatz vor und lege alles bereit. Fertig? Dann lauf raus in den Regen und pflücke dir ein paar nasse, feste Blätter. Du kannst die Blätter auch mit der Schere abschneiden. Achte darauf, dass die Blätter unterschiedliche Formen haben.

2. Jetzt geht's los! Bemale die nassen Regenblätter. Du kannst deinen Pinsel und deine Farben mit den Regentropfen deiner Blätter befeuchten. Sind deine Blätter zu trocken, dann nimm etwas Wasser aus deinem Glas. Mische dir die Farben dafür jeweils mit etwas Deckweiß an. Es sieht besonders schön aus, wenn du zwei Farben miteinander mischst. Ist ein Blatt schön bemalt, drückst du es mit der Farbseite auf weißes Papier. Du kannst mit einem Blatt mehr-

mals drucken, trage dazu erneut Farbe auf. Lass die gedruckten Blätter gut trocknen. Dann kannst du sie ausschneiden.

3. Übertrage die Schablone (siehe Seite 172) für das Gesicht des Blätterkönigs auf das Blatt Papier. Male das Gesicht des Blätterkönigs noch aus. Dann klebst du dem kleinen König eine Blätterkrone auf.

4. Wenn du magst, kannst du dein Bild einrahmen und mit doppelseitigem Klebeband noch ein paar Blätter auf deinen Rahmen kleben. Besonders schön sieht es aus, wenn du deinen Blätterkönig auf ein hübsches Papier klebst, zum Beispiel auf gepunktetes Geschenkpapier.

Tipp

Du kannst aus deinen gedruckten Regenwetter-Blättern auch für dich eine Krone basteln. Klebe deine Blätter einfach auf einen schmalen Papierstreifen, den du später zu einer Krone zusammenheftest.

Schablonen

„Schiffchen schieben"
Seite 110

„Schiffchen
schieben"
Seite 110

„Unter-
wasserwelt"
Seite 64

„Unter-
wasserwelt"
Seite 64

„Bruno Bär
und Bande"
Seite 86

„Bruno Bär und Bande"
Seite 86

„Bruno Bär und Bande" Seite 86

„Bruno Bär und Bande" Seite 86

„Konfettiregen" Seite 48

„Regen-
wetterkönig"
Seite 160

„Wunder-
wolke" Seite 40

DIE AUTORIN

Kalinka Meesenburg
ist Grundschullehrerin und
leidenschaftlicher Outdoor- und
Bastelfan – auch bei schlechtem
Wetter. Egal, ob Regen oder
Sonnenschein: Zusammen mit
ihren drei Kindern werkelt und
bastelt sie, was das Zeug hält. So
entstehen ihre wunderbaren
Kreativprojekte für Groß
und Klein.

DIE FOTOGRAFIN

Die Fotografin
Louisa Schlepper ist
36 Jahre alt, sie lebt und
arbeitet in Hamburg.

DANKE!

Bei diesem Projekt hatte ich so viele kleine Helfer! Danke Annika, Emilie, Emma, Ilja, Jolina, Lasse, Lea, Levi, Linn, Linnea, Lio, Luk, Malin, Mia, Oskar, Silje und Tjelle. Ihr wart alle spitze!

Von Herzen danke ich meinen vier Männern! Sverre, Fjonn und Lowi, vielen Dank für eure Unterstützung, eure Geduld, alle guten Ideen und die schönen Bastelstunden. Lieber Thomas, danke, danke, danke! Das Bastelchaos hat vorerst ein Ende ... versprochen.

Liebe Louisa, ich danke dir für deine wunderschönen Fotos, all deine Hilfe und die gemeinsame Zeit!

Liebe Claudi, danke fürs Immer-da-Sein.

Liebe Lise und liebe Moira, danke für eure Inspiration.

Danke liebe Conny für deine Unterstützung. Katja, danke für deine Hilfe und für das Equipment.

Ich danke der Rayher Hobby GmbH für ihre großzügige Materialspende.

Ich danke dem EMF-Team und meiner Lektorin Martha Schebella für die Realisierung meines Projektes.

Und ein letztes kleines Danke geht an den verregneten Sommer 2016, in dem mir und meiner Bande im Hamburger Schietwetter manchmal die Decke auf den Kopf gefallen ist, bis da auf einmal lauter kleine Regentageprojekte in meinem Kopf herumgeschwirrt sind.

Danke!

UND WEIßT DU,
WAS DU NOCH ALLES
BEI REGENWETTER
MACHEN KANNST?

IN PFÜTZEN SPRINGEN

SCHNECKEN SAMMELN

EINEN REGEN-
SPAZIERGANG MACHEN

DEIN OHR AN EIN FENSTER
LEGEN, DIE AUGEN SCHLIEßEN
UND DEM REGEN BEIM
TROMMELN LAUSCHEN

BARFUß DURCH DEN
REGEN LAUFEN

EINEN REGENTANZ TANZEN

UND WAS FÄLLT DIR
NOCH EIN?

Impressum

Bibliografische Information der Deutschen Bibliothek.

Die Deutsche Bibliothek verzeichnet diese Publikation in der deutschen Nationalbibliografie.

Detaillierte bibliografische Daten sind im Internet über http://www.d-nb.de/ abrufbar.

EIN BUCH DER EDITION MICHAEL FISCHER

1. Auflage 2017
© 2017 Edition Michael Fischer GmbH, Igling

Covergestaltung: Verena Raith

Lektorat: Martha Schebella, München

Redaktion: Charlotte May, Natascha Mössbauer

Layout: Verena Raith

Fotos: Louisa Schlepper

Alle Stepfotos; S. 6, Bild 2 und 3; Seite 93; 125; 136; 158 und 160: Kalinka Meesenburg

Illustrationen: Karli, die Schnirkelschnecke: Louisa Schlepper

Sonstige Illustrationen: Anastasiya Samolovova: S. 36; aninata: Cover; Antun Hirsman: S. 8, 13, 17, 21, 25, 31, 35, 41, 45, 49, 53, 57, 61, 65, 69, 73, 79, 83, 87, 91, 95, 99, 103, 110, 115, 119, 123, 127, 131, 135, 141, 145, 149, 153, 157, 161; Baranovska Oksana: S. 4, 17; Eisfrei: S. 157; Evgeniia Speshneva: 41, 131; flowerstock: 111, 145; Giftography: Cover, 2/3, 10/11, 38/39, 108/109, 138/139; GreenBelka: 119; Jana Guothova: S. 80; Kat Buslaeva: S. 5, 65, 142, 173; KateMacate: S. 5, 69; Kolesov Sergei: S. 145; Ksenia1023: S. 13, 14; Marie Bobrovskaya: Buchrücken, S. 5, 53; mimibubu: S. 75; Oleh Markov: S. 8, 9, 12, 16, 10, 24, 34, 44, 56, 60, 64, 78, 90, 101, 110, 117, 118, 143, 144, 145, 152; Yellow Stocking: Vorsatz, S. 4, 5, 7, 8, 26, 49, 51, 61, 62, 91, 99, 176

Schablonen: Kalinka Meesenburg, außer S. 164, S. 165: Louisa Schlepper

Materialsponsoring: Rayher Hobby GmbH (www.rayher.com)

ISBN 978-3-86355-811-6

Printed in Slovakia

www.emf-verlag.de